楽しい ハロウィン 工作

① かぼちゃ・ドラキュラ ほか

いしかわ☆まりこ

汐文社
ちょうぶんしゃ

はじめに

～ようこそ、ハロウィン工作の世界へ～

ハロウィンといえば仮装！

今年は何を着ようかな…！？

この本で着たいコスチュームをさがしてみよう！

魔女にドラキュラにかぼちゃ…

着てみたい衣装が、どれも身近に手に入る材料で簡単にできるよ。

ハロウィンを楽しむためのアイデアやヒントもいっぱい。

帽子やおめんだけでもハロウィン気分になれるから

ぜひ、どんどんチャレンジしてね！

さあ、ポリ袋や折り紙でオリジナルのコスチュームをつくって

楽しく変身しちゃおう！

Happy Halloween ！！

ステキな思い出をつくってね。

 いしかわ☆まりこ

もくじ

この本でつかうおもな材料

ポリ袋
だいかつやく！
いろんな色がある。この本では45リットルサイズをおもにつかうよ。黒は70リットル、90リットルも！

レジ袋

色画用紙

発泡スチロール製どんぶり

カチューシャ

折り紙

輪ゴム・平ゴム

ストロー

モール

リボン

紙皿

紙袋

新聞紙

デコレーションボール(ぽんてん)

トイレットペーパーのしん

毛糸

ティッシュの箱

牛乳パック

☆ほかにも厚紙、子ども用のレインコートなどもつかっているよ。

この本でよくつかう道具やべんりアイテム

はさみ　めうち　ペン　セロハンテープ　ガムテープ

ものさし　メジャー　両面テープ　木工用ボンド　のり　マスキングテープ

この本によく出てくるマーク

はさみ　セロハンテープ　ボンド　両面テープ　のり　油性ペン　テープ類
ガムテープ
キラキラテープ
マスキングテープ

この本でのおやくそく

●はさみをつかうときは、机に向かってすわり、まわりに人がいないことをたしかめて
つかうよ。カッター、めうちをつかうときは、かならずおとなの人といっしょにね。

●じぶんの手を切らないように気をつけてね。

●ポリ袋はかぶって遊ぶとあぶないよ。P26の「おばけ」のようなかぶりものをつくる
ときは、空気穴をかならずあけてね。

●ポリ袋の衣装を着るときは、モデルさんのように中にロングTシャツやタイツ、長ズ
ボンなどを着用してね。肌にじかに着るためのものではないよ。

●目安としてモデルさんの身長を書いています。じぶんのサイズに合わせてつまんで
はったり、丈を切ったりして調整してね。

Let's play!
あそぼ!

Dance! Dance!
ダンス！ダンス！

Yeah!
わーい！

Happy Halloween!
ハッピー　ハロウィン！

魔女のつくりかたは P8
かぼちゃのつくりかたは P14

Cheers!
カンパーイ！

ドラキュラのつくりかたは P12
フランケンシュタインのつくりかたは P16

星（ほし）のペンダントは
P36 を見（み）てね！

Back

ぼうし

材料（ざいりょう）　市販（しはん）のとんがりぼうし（何色（なにいろ）でも）１つ、折（お）り紙（がみ）7.5 × 7.5 センチ（黄色（きいろ））３枚（まい）、
色画用紙（いろがようし）20 × 30 センチ（黒（くろ））２枚（まい）、25 × 45 センチ（黒（くろ））各（かく）１枚（まい）、毛糸（けいと）（極太（ごくぶと））１玉（たま）、
ポリ袋（ぶくろ）（むらさき）50 × 10 センチ、平（ひら）ゴム（黒（くろ））70 センチ、リボン（むらさき）60 センチ

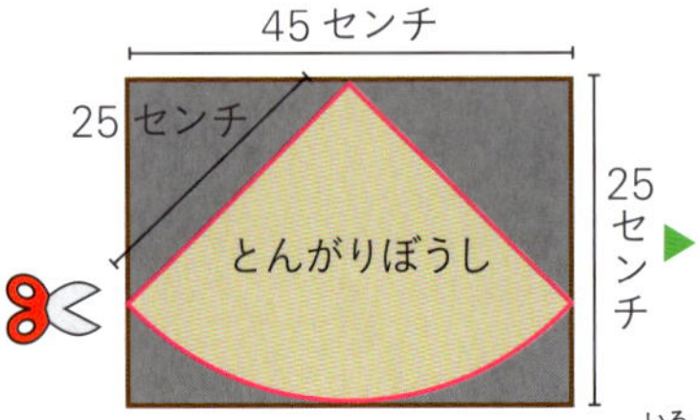

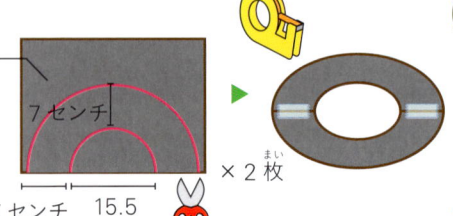

45 センチ

25 センチ

とんがりぼうし

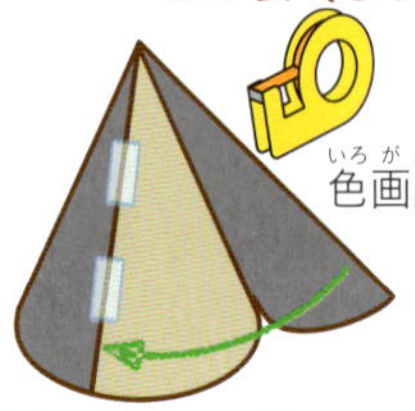

25 センチ

色画用紙（いろがようし）

7 センチ

7 センチ　15.5 センチ

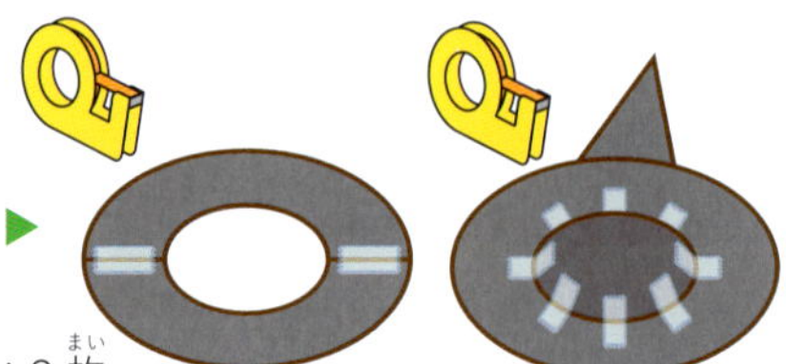

× 2枚（まい）

1 とんがりぼうしをひらき、色画用紙（いろがようし）に当（あ）てて型（かた）をとり、切（き）りぬく。型（かた）をとったらとんがりぼうしをもとの形（かたち）にもどす。その上（うえ）から切（き）った色画用紙（いろがようし）をくるむようにしてはる。
※とんがりぼうしがないときは、厚手（あつで）の紙（かみ）や工作用紙（こうさくようし）を図（ず）のように切（き）ってつかおう

2 20 × 30 センチの色画用紙（いろがようし）を図（ず）のような形（かたち）に２枚（まい）切（き）ってテープでとめ、ドーナツの形（かたち）をつくる。

3 ドーナツの形（かたち）ととんがりぼうしをくっつける。

ワンピース

材料　ポリ袋90リットル（黒）1枚、ガムテープ（黒）

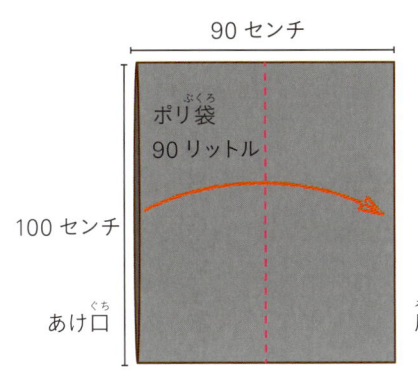

90センチ

ポリ袋
90リットル

100センチ

あけ口　　　　底

1 ポリ袋を2つに折る。

10センチ　3センチ

1センチ

20センチ

せんたくばさみでおさえるといいよ。

2 首、うでが出るところを切りとる。

30センチ　　25センチ

3 そでの切りこみを入れる。

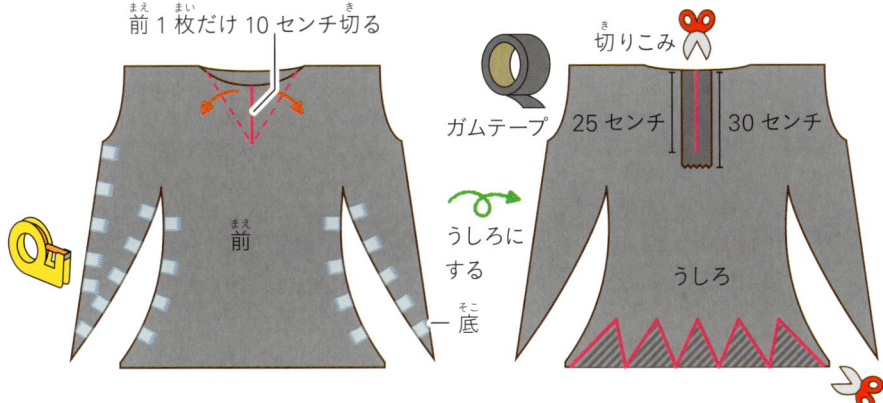

前1枚だけ10センチ切る

前

底

4 そでのふちをそれぞれテープではりあわせる。前のまん中に切りこみを入れ広げてはる。

切りこみ

ガムテープ

25センチ　30センチ

うしろにする

うしろ

5 すそをギザギザに切る。背のまん中にガムテープをはって切りこみを入れ、着てからガムテープでとめる。

ガムテープ

テープの上にはる

切りこみ

ガムテープ

着てからテープでとめてね。先を少し折ったテープをはっておくとつけたりはずしたりしやすいよ!

ほうき

材料　新聞紙10枚くらい、キラキラテープ

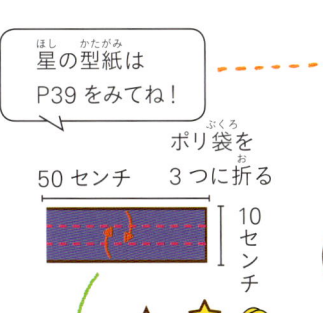

星の型紙は
P39をみてね!

ポリ袋を
3つに折る

50センチ

10センチ

4 ポリ袋を細長く折ったものをまきつけてはる。星のかたちを切ったものと結んだリボンをはる。

わにした平ゴム

毛糸

5 毛糸の髪の毛、平ゴムをつける。
☆平ゴムの色はわかりやすいように白く表示しています。

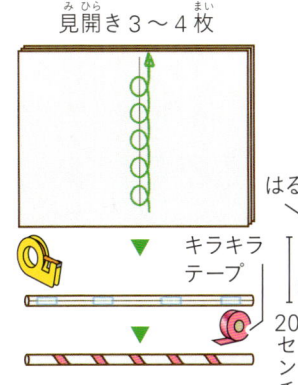

見開き3〜4枚

キラキラテープ

1 3〜4枚重ねた新聞紙をぐるぐる丸めてテープでとめる。その上をキラキラテープでかざる。

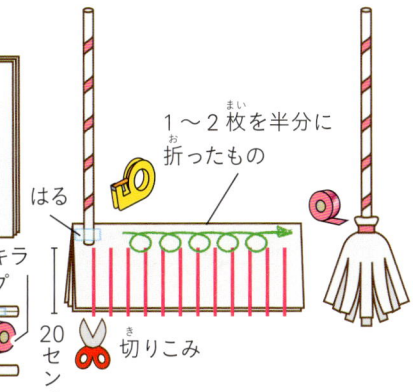

1〜2枚を半分に折ったもの

はる

20センチ

切りこみ

2 横長に半分に折った新聞紙に切りこみを入れたものを**1**にぐるぐるまいてテープでとめる。

リトル Witch

Back

ぼうしカチューシャ

材料 フェルト（黒）20 × 20 センチ 1 枚、デコレーションボール（小）2 つ、
フェルト（こいピンク）1 × 18 センチ、カチューシャ 1 つ

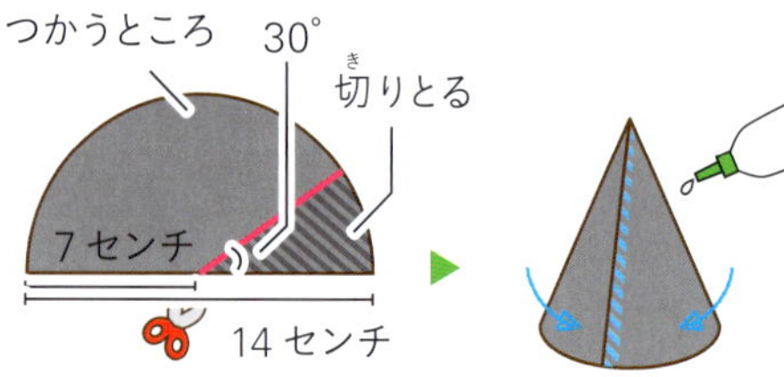

両面テープ
をつかおう！

つかうところ　30°
切りとる

7 センチ

14 センチ

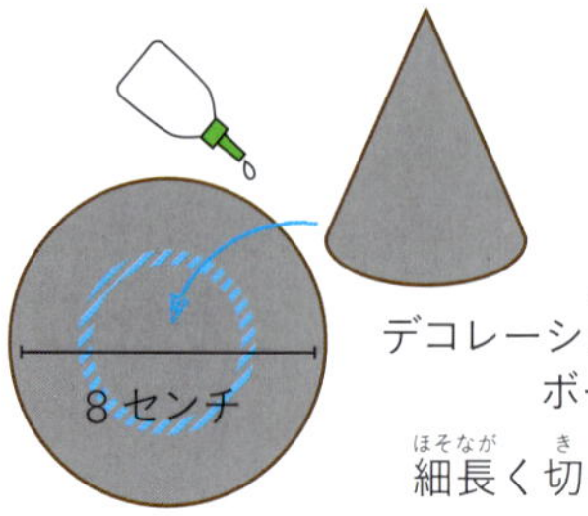

8 センチ

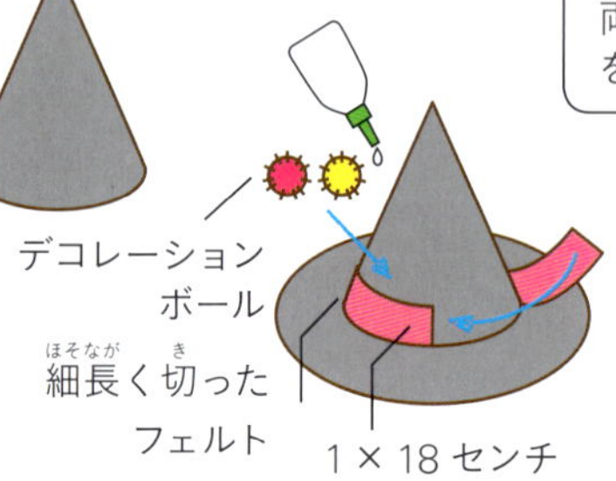

デコレーション
ボール

細長く切った
フェルト

1 × 18 センチ

1 黒のフェルトで 14 センチの半円をつくり、///部分は切りとる。丸めてはりあわせて、とんがりぼうしをつくる。

2 丸く切ったフェルトにとんがりぼうしをのせてはる。

3 かざりをつける

4 ぼうしのうらをカチューシャにはる。

チュニック

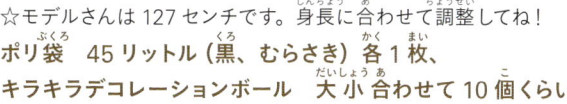

☆モデルさんは 127 センチです。身長に合わせて調整してね！

材料 ポリ袋 45 リットル（黒、むらさき）各 1 枚、
キラキラデコレーションボール 大 小 合わせて 10 個くらい

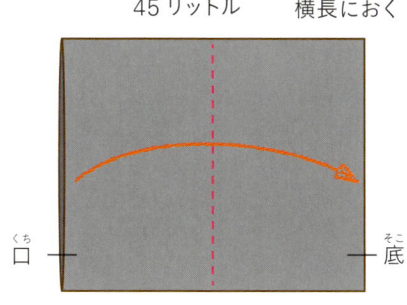

ポリ袋（黒）
45 リットル
横長におく

口　　　　　底

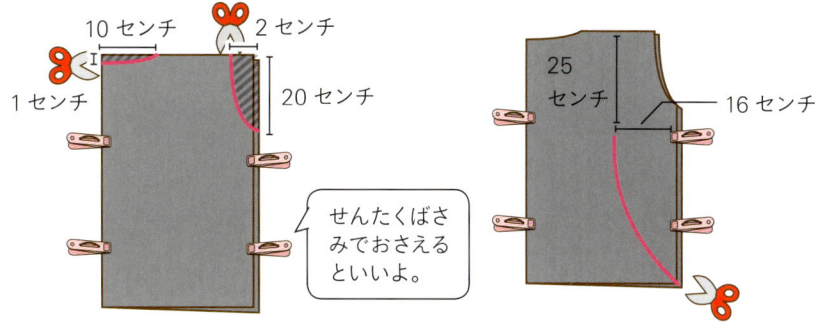

10 センチ　　2 センチ
1 センチ　　　　　　　20 センチ

せんたくばさ
みでおさえる
といいよ。

25
センチ　　16 センチ

1 ポリ袋を 2 つに折る

2 首、うでが出るところを切りとる。

3 そでの切りこみを入れる。

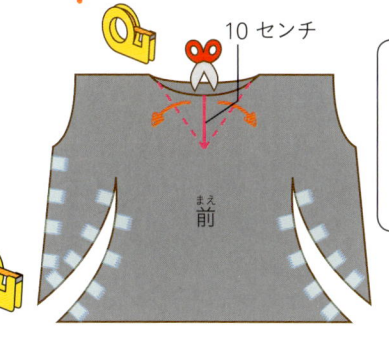

10 センチ

半分に折っ
てかぶせると
きに肩あた
りをテープで
とめてね！

前

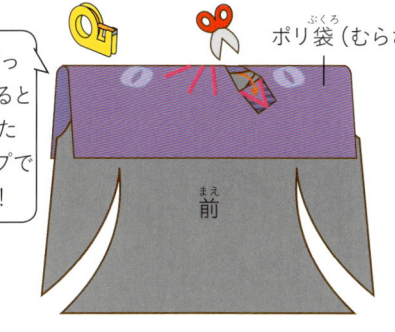

ポリ袋（むらさき）

前

デコレーション
ボール

前

4 そでのふちをそれぞれテープではりあ
わせる。前のまん中に切りこみを入れ、
広げてはる。

5 むらさきのポリ袋を半分に折っ
てかぶせとめる。首のところに切
りこみを入れ、三角の形に切る。

6 むらさき、黒の袋のすそを両方、
ギザギザに切る。デコレーション
ボールをかざる。うしろも同じよ
うにする。

スカート

材料 ポリ袋 45 リットル（ピンク）2 枚、平ゴム（白）100 センチ

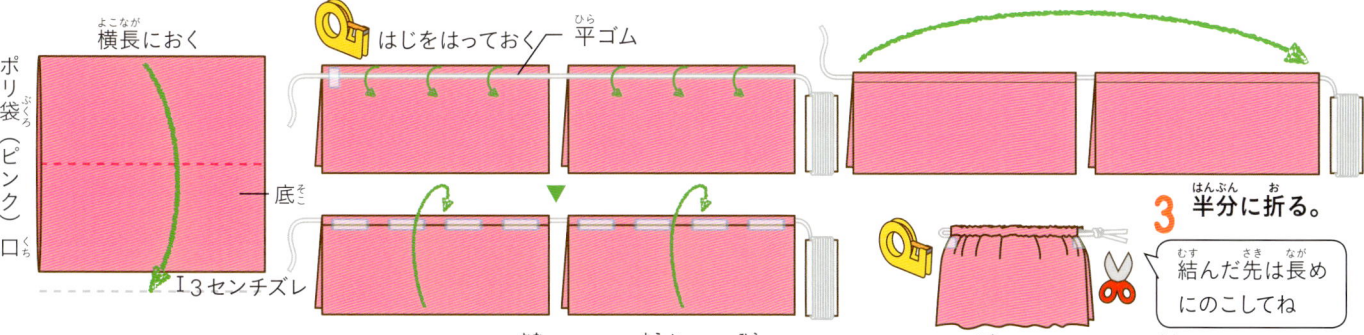

横長におく

ポリ袋（ピンク）口

底

3 センチズレ

はじをはっておく　平ゴム

半分に折る。

結んだ先は長め
にのこしてね

1 3 センチくらいはみでる
ように折る。

2 もうひとつ同じものを用意し、平ゴムをはさん
で折ってテープでとめる。手前の 1 枚だけうし
ろにめくる。

3 半分に折る。

4 平ゴムをはさんだ下をテープでとめ、
平ゴムをひっぱってウエストに合わ
せてギャザーをよせて玉結びする。

ステッキ

材料 折り紙（黄色）1 枚、ストロー（曲がらないタイプ）2 本

星の折りかたは P36 をみてね！
まがるストローをつかうときは、
まがるところを切ってからつくってね！

1 ストローを 2 本つなげ
る。

2 ストローに折り紙の星
をはりつける。

ドラキュラ

Back

ぼうし

材料 | 厚紙（黒）八つ切り1枚　もしくは　工作用紙に黒い画用紙をはったもの、リボン（金）30センチ、紙コップ（450mlサイズ）1つ、折り紙（黒）2～3枚、カチューシャ1つ

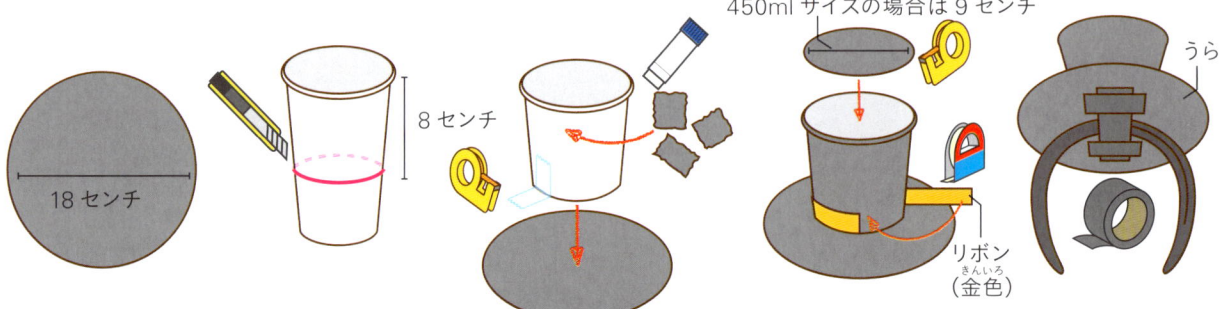

450mlサイズの場合は9センチ

18センチ

8センチ

リボン（金色）

うら

1 厚紙を丸く切る。

2 紙コップを口から8センチくらいで切る。折り紙をちぎってはり、1につける。

3 紙コップの飲み口に合わせて厚紙を丸く切り、ふたをしてはる。

4 カチューシャにしっかりとはる。

ベスト

☆モデルさんは128センチです。身長に合わせて調整してね！

材料 ポリ袋45リットル（赤）半分、ポリ袋45リットル（白）半分、ガムテープ（赤）
画用紙　八つ切り　1枚、アルミホイル 25センチ幅　20センチ

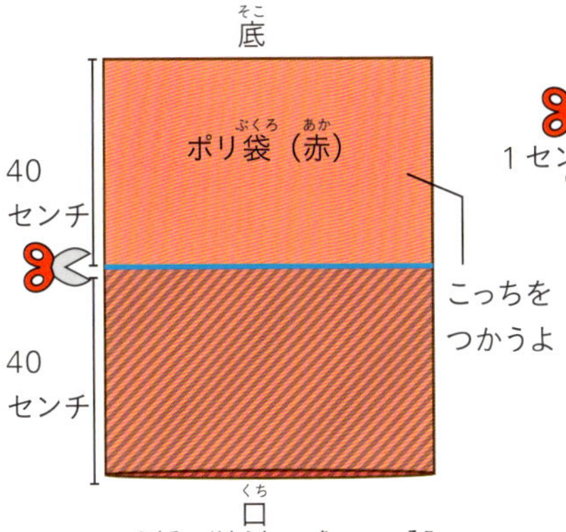

底

ポリ袋（赤）

40センチ
40センチ

口

こっちをつかうよ

1 ポリ袋を半分に切る。底の半分をつかう。

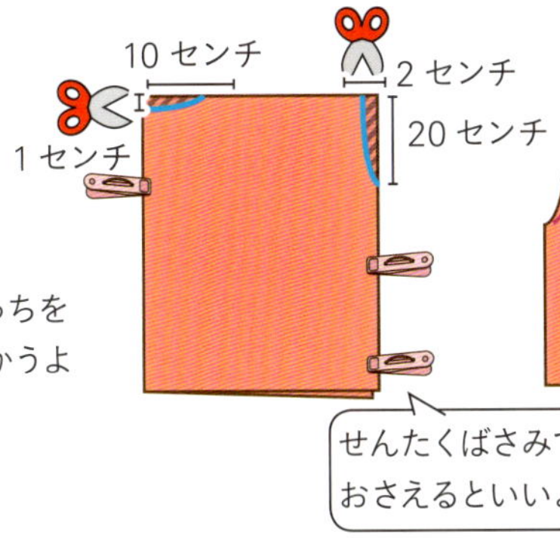

10センチ
1センチ
2センチ
20センチ

せんたくばさみでおさえるといいよ。

2 首、うでが出るところを切りとる。

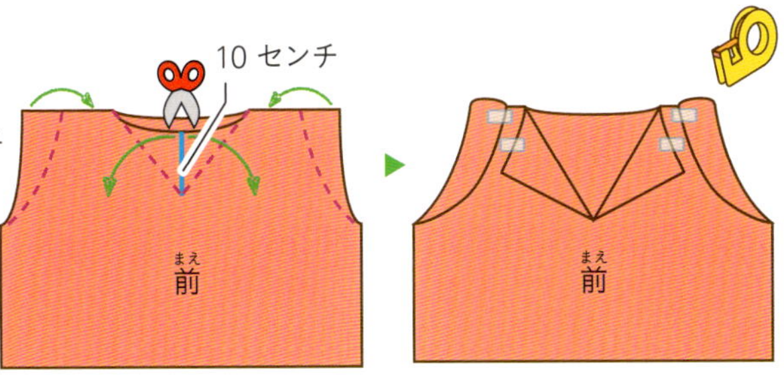

10センチ

前

前

3 うでのところのあなをまくってはりつける。前の1枚の首のまん中に切りこみを入れ、広げてテープではる。

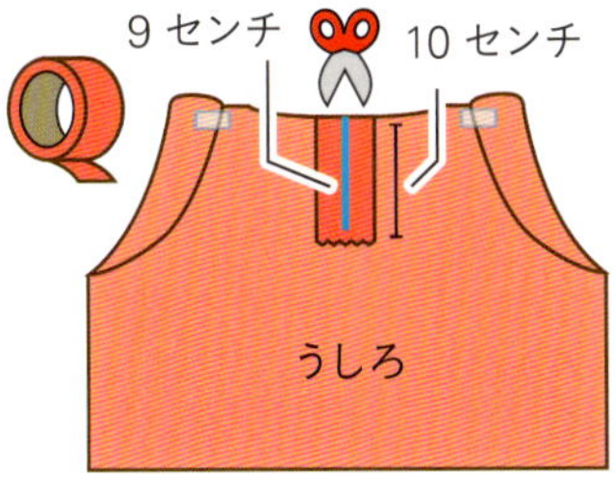

9センチ
10センチ

うしろ

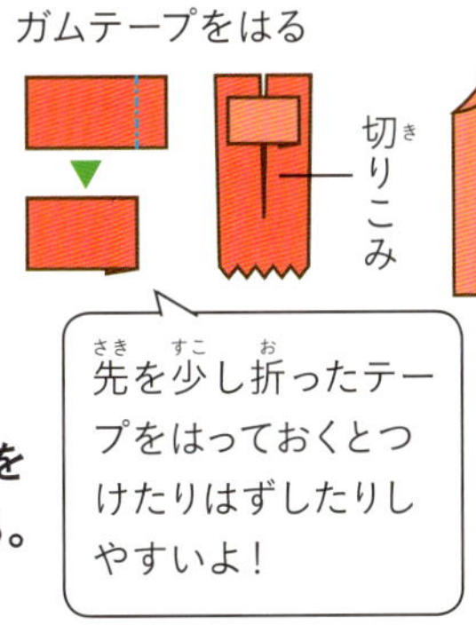

4 うらがえしてまん中にテープをはってから切りこみを入れる。上からテープでとめる。

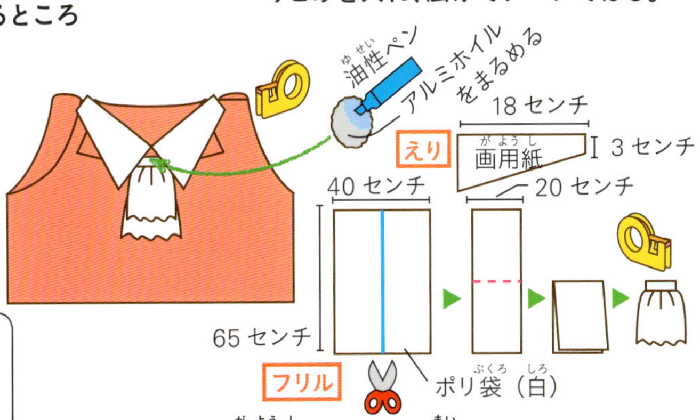

ガムテープをはる

切りこみ

先を少し折ったテープをはっておくとつけたりはずしたりしやすいよ！

油性ペン
アルミホイルをまるめるね

18センチ
画用紙
3センチ
えり
40センチ
20センチ

65センチ
フリル
ポリ袋（白）

5 画用紙でえりを2枚つくりベストにテープではる。白いポリ袋のフリルとアルミホイルを丸めて色をぬったかざりをつける。

マント

材料 ポリ袋90リットル（黒）1枚、45リットル（黒）半分、平ゴム（黒）2メートル

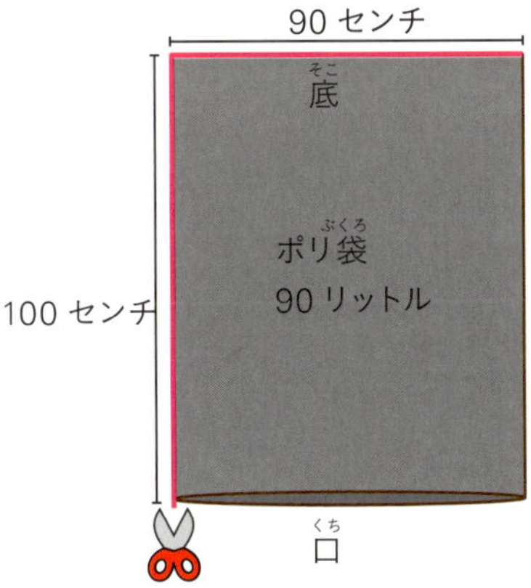

90センチ
底

ポリ袋
90リットル

100センチ

口

平ゴム

65センチ
40センチ

えりをつくる
45リットルのポリ袋半分サイズを2つに折る

20センチ
折ったところ

えりのはじとマントのはしが合うようにギャザーを調整してね。

玉結び

1 90リットルのポリ袋を切りひらく。

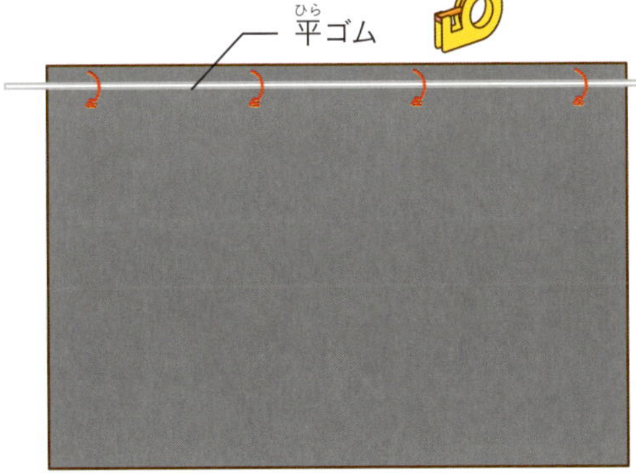

2 平ゴムをはさんでとめる。

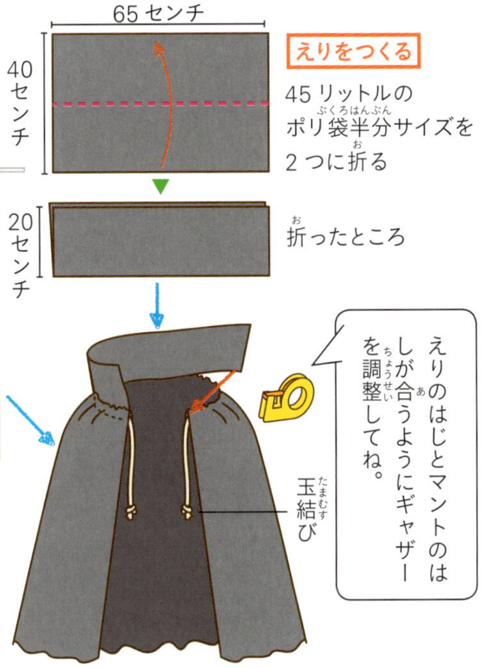

3 平ゴムをひっぱってギャザーをよせる。長い分は切って、先は玉結びする。半分に切った45リットルのポリ袋をさらに半分に折ったものをマントの内側にテープで何か所かとめて、マントのえりにする。

☆平ゴムの色はわかりやすいように白く表示しています。

かぼちゃ

Pum
Pum
Pumpkin!

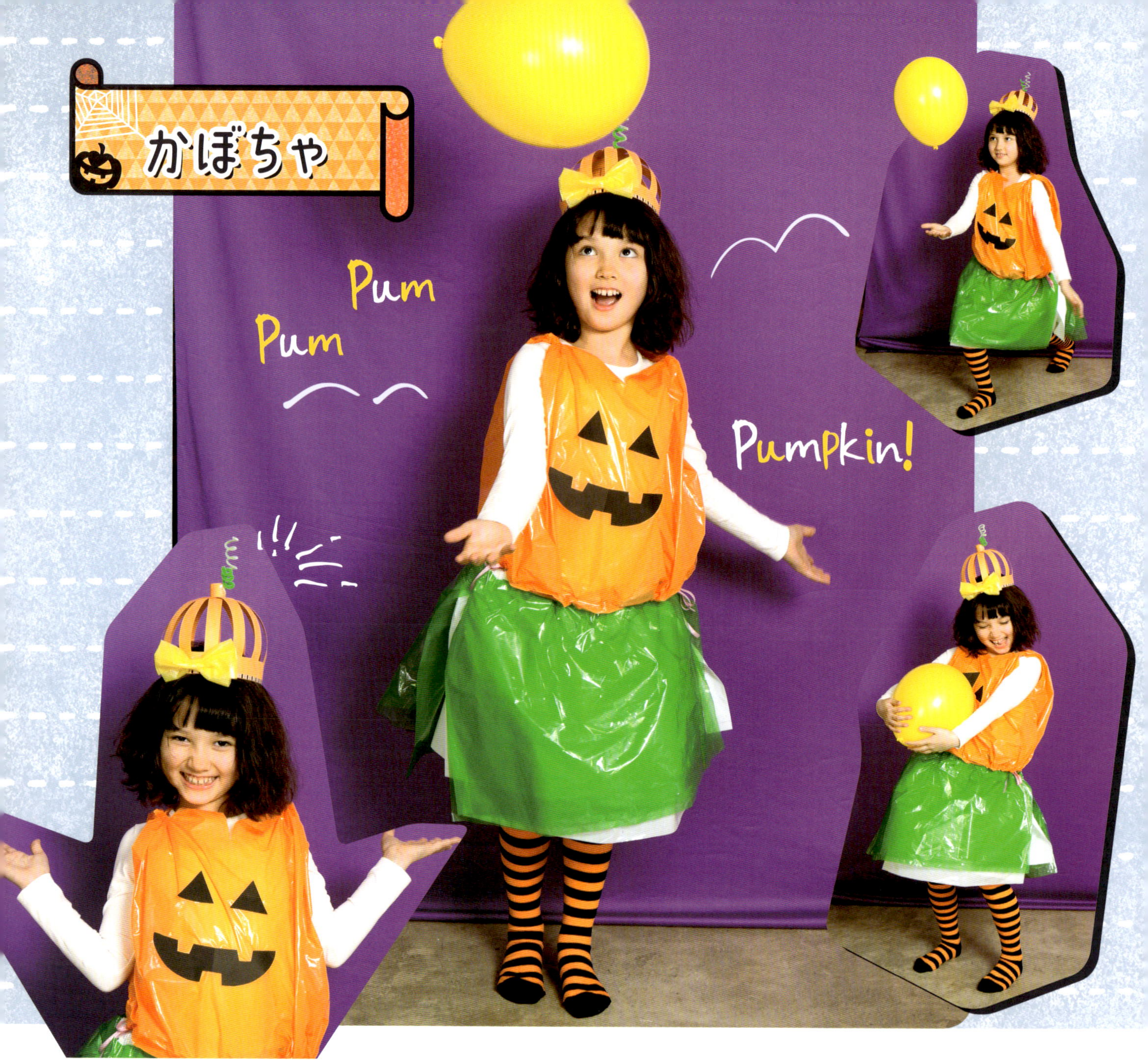

ぼうし

材料 色画用紙 八つ切り（オレンジ）1枚、モール（緑）1本、水切りネット（黄）1枚、マスキングテープ、ヘアピン（アメリカピン）2本

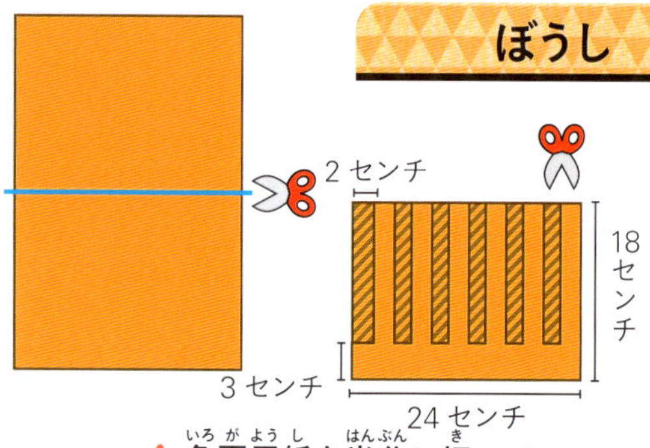

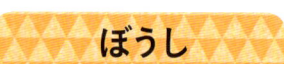

2センチ
18センチ
3センチ
24センチ

1 色画用紙を半分に切って、図のように2枚とも切る。

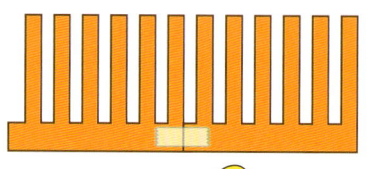

2 2枚をつなげる。

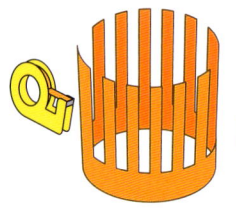

3 わっかにする。1枚ずつ重ねてはる。

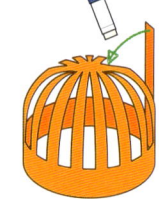

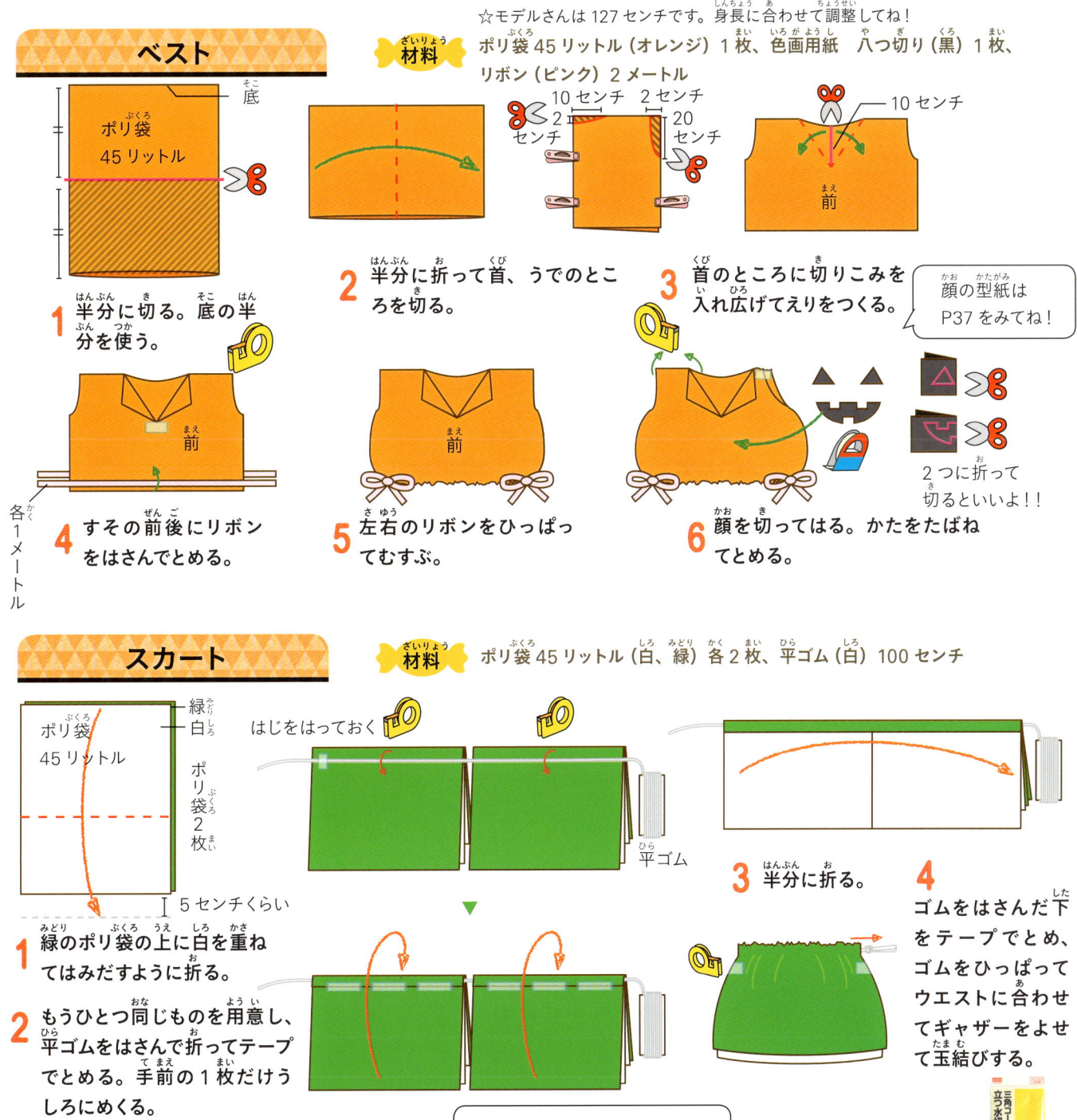

☆モデルさんは 127 センチです。身長に合わせて調整してね！

ベスト

材料 ポリ袋 45 リットル（オレンジ）1 枚、色画用紙　八つ切り（黒）1 枚、リボン（ピンク）2 メートル

底
そこ

ポリ袋
ぶくろ
45 リットル

1 半分に切る。底の半分を使う。
はんぶん　き　そこ　はん　ぶん　つか

2 半分に折って首、うでのところを切る。
はんぶん　お　くび　き

10 センチ　2 センチ
2 センチ　20 センチ

前
まえ
10 センチ

3 首のところに切りこみを入れ広げてえりをつくる。
くび　い　ひろ　き

顔の型紙は
かお　かたがみ
P37 をみてね！

2 つに折って切るといいよ！！
お　き

前
まえ

各 1 メートル
かく

4 すその前後にリボンをはさんでとめる。
ぜん　ご

前
まえ

5 左右のリボンをひっぱってむすぶ。
さ　ゆう

前
まえ

6 顔を切ってはる。かたをたばねてとめる。
かお　き

スカート

材料 ポリ袋 45 リットル（白、緑）各 2 枚、平ゴム（白）100 センチ
しろ　みどり　かく　まい　ひら　しろ

緑
みどり
白
しろ

ポリ袋
ぶくろ
45 リットル

ポリ袋 2 枚
ぶくろ　まい

5 センチくらい

1 緑のポリ袋の上に白を重ねてはみだすように折る。
みどり　ぶくろ　うえ　しろ　かさ　お

はじをはっておく

平ゴム
ひら

3 半分に折る。
はんぶん　お

4 ゴムをはさんだ下をテープでとめ、ゴムをひっぱってウエストに合わせてギャザーをよせて玉結びする。
した　あ　たま むす

2 もうひとつ同じものを用意し、平ゴムをはさんで折ってテープでとめる。手前の 1 枚だけうしろにめくる。
おな　よう い　ひら　お　て まえ　まい

1 で切りとったところでつくるよ！
き

2 センチ
15 センチ

4 細長い紙をくるくる丸めて上につける。
ほそなが　かみ　まる　うえ

モールをえんぴつにまきつけたよ

マスキングテープ

リボン

水切りネット
みず き

三角コーナー水要立つ水切りネット

5 モールや、水切りネットのリボンをはる。ヘアピンで髪の毛にとめる。
みず き　かみ　け

5 水切りネットをたばねてまん中をセロハンテープでとめる。
みず き　なか

15

Frankenstein!

上着

材料 大きめの紙袋（体が入る大きさ）1枚、マスキングテープ、色画用紙（黄色）5センチ×10センチ

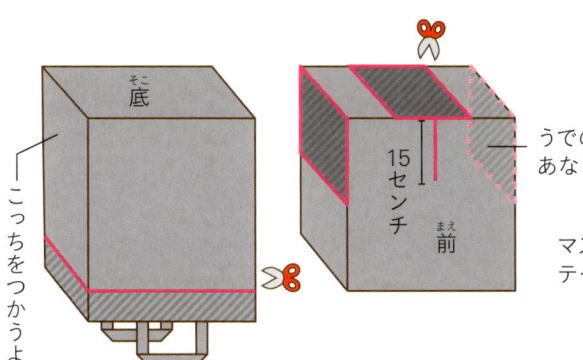
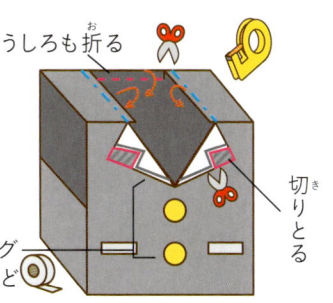
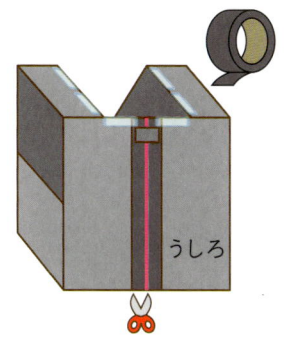

1 紙袋の持ち手の方を切りとる。

2 底に首のあな、横にうでのあなをあける。前のまん中に切りこみを入れる。

3 2で入れた切りこみを広げ、図の部分を切りとってえりをつくる。首のあなの横とうしろのふちを折ってテープをぐるっとはる。

4 うしろがわのまん中に黒いガムテープをはってから、テープごと切りはなす。着てからテープでいちばん上をとめる。

頭

材料 紙袋（頭が入る大きさ）（茶色）1枚、毛糸（カラフル）、トイレットペーパーのしん2本

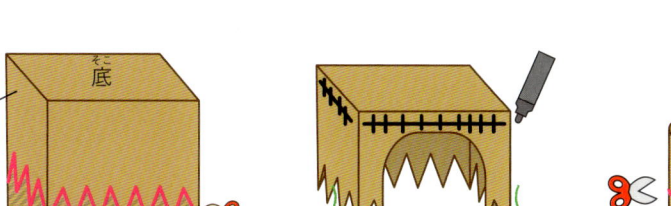
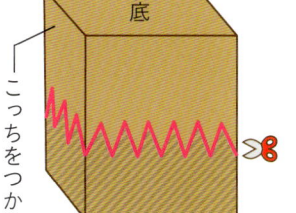
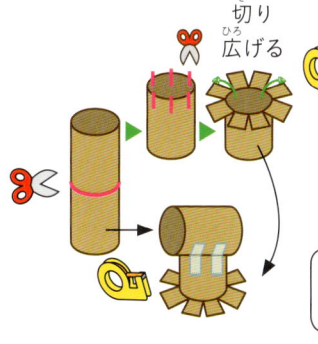

1 紙袋を底から半分くらいの位置でギザギザに切る。

2 おでこが出るよう丸く切りとる。ぬい目をかく。ギザギザを外にむけてくせをつける。

3 トイレットペーパーのしんを半分に切り、図のように組み合わせる。これを2つつくる。

4 3を紙袋の両側にはり、毛糸を上にはりつける。

ギザギザが肌にふれないようにかぶろう！

うで

材料 紙袋（小さめサイズ）（茶色）2枚

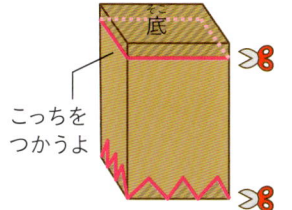

1 底を切りとり、口の部分をギザギザに切る。

2 しわをつけてふちを外側に丸める。同じものを2枚つくる。

1度くしゃくしゃにしてしわをつけるとやわらかくなるよ。

両手にはめよう！

Back

17

Chance!
チャンス！

Shhhh!
しーっ！

Eek!
キャー！

Big Success!
だいせいこう！

Boo!
ばあ！

くろねこのつくりかたは P20
モンスターのつくりかたは P28

\ Ghost! /　\ Spider! /

I'll be a Ghost!
ぼくは「おばけ」になるよ！

Wow, Okay.
I'll be a Spider!
わお、いいね！
ぼくは「くも」になるよ！

Trick or
Treat!

おかしをくれないと、
いたずらしちゃうぞ！

おばけのつくりかたは P26
スパイダーのつくりかたは P30

くろねこ

mew

mew

tail

材料　色画用紙（黒）八つ切り2枚半、ポリ袋45リットル（ピンク）4分の1

ベルト

リボンバックル

65センチ

20センチ

55センチ　10センチ

あ

18センチ

9センチ

色画用紙（黒）

い

あ

い

両面テープでとめる

ガムテープをはっておく

ガムテープをはっておく

色画用紙（黒）

しわをつける

身につけてからおなかの前をガムテープでとめる

ガムテープをわっかにする

ガムテープをはっておく

上からリボンバックルをはる。

色画用紙（黒）の半分サイズを3枚つくる（八つ切り1枚半必要）

1 ポリ袋4分の1を図のように切りわける。それぞれ三つ折りしてとめあ・いをつくる。いにあをまきつけリボンをつくり、図のように切った色画用紙にはる。

2 色画用紙を4等分に切ってつなげ、ウエストに合わせてベルトをつくる。別の色画用紙を半分に切ってわっかにしたものを3つつくり、つなげてしっぽにする。ベルトにはる。

ベスト

☆モデルさんは153センチです。身長に合わせて調整してね！

材料 ポリ袋　45リットル（黒）1枚、平ゴム（白）80センチ

手首につけてもいいね！

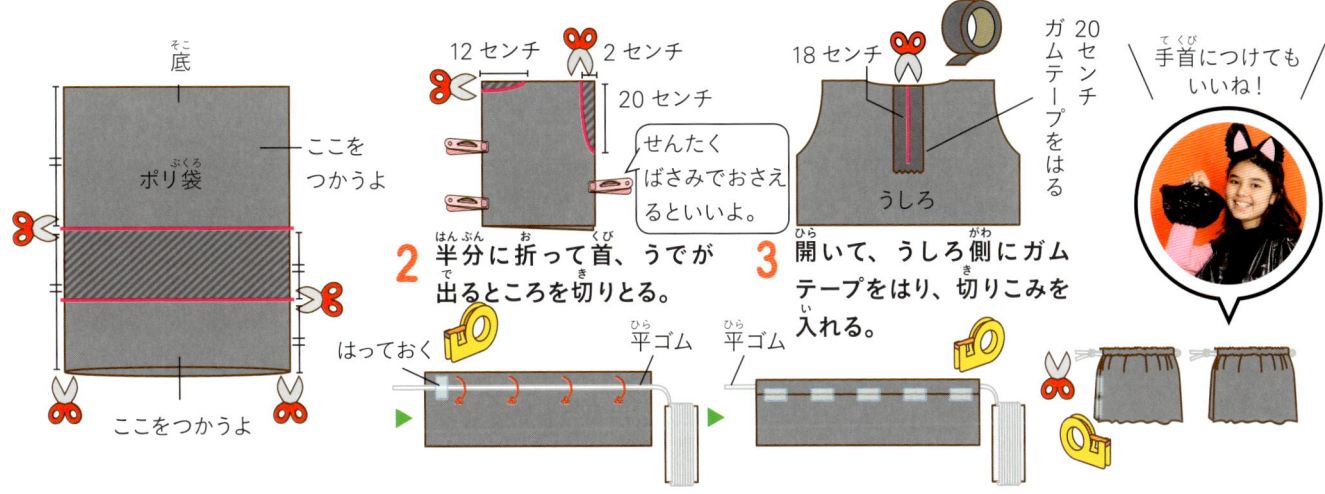

1 ポリ袋を半分に切る。あけ口のほうの半分をさらに半分に切る。

2 半分に折って首、うでが出るところを切りとる。

せんたくばさみでおさえるといいよ。

3 開いて、うしろ側にガムテープをはり、切りこみを入れる。

20センチガムテープをはる

うしろ

4 そでをつくる。4分の1サイズを切り広げて2枚にする。それぞれに平ゴムをはさんでとめる。

5 平ゴムをはさんだ下をテープでとめ、ひっぱって玉結びして、あまった分は切る。

12センチ　2センチ　20センチ　18センチ

はっておく　平ゴム　平ゴム

ズボン

材料 ポリ袋45リットル（黒）半分、平ゴム（白）80センチ

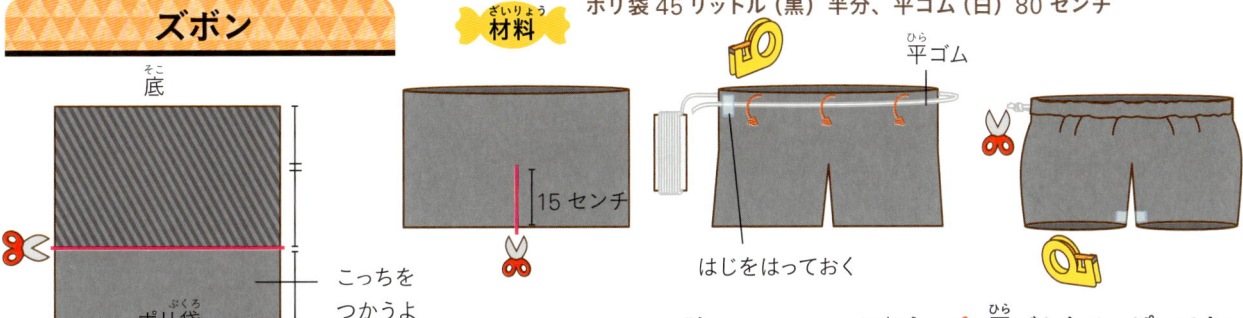

底

ポリ袋

こっちをつかうよ

15センチ

1 ポリ袋を半分に切る。

2 2枚一緒にまん中に切りこみを入れる。

はじをはっておく

平ゴム

3 平ゴムをぐるっと一周はさんでテープでとめる。

4 平ゴムをひっぱってウエストに合わせてギャザーをよせ、玉結びして、あまった分は切る。すその先だけをテープではりあわせる。

ねこ耳カチューシャ

材料 色画用紙（黒）20×24センチ、（ピンク）10×12センチ、カチューシャ1つ

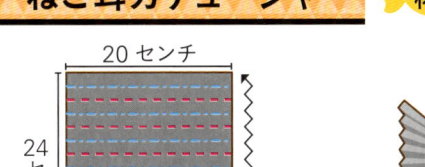

20センチ

24センチ

色画用紙（黒）

1 谷折り・山折りをくりかえしてじゃばらをつくる。

2 まん中をテープでとめてからカチューシャにつける。

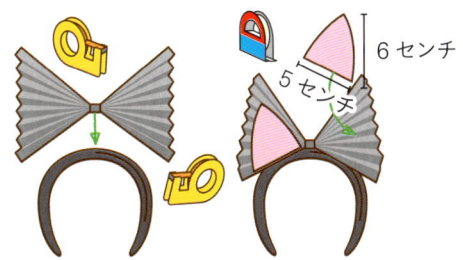

6センチ
5センチ

3 三角に切ったピンクの色画用紙をはる。

Back

21

Trick or Treat!

ぼうし

材料 発泡スチロール製どんぶり（大きめ、直径 18 × 高さ 8 センチくらい）1 個、
ポリ袋　45 リットル（白）半分、色画用紙（黒）10 × 15 センチ、
コピー用紙または白い折り紙 5 × 7 センチ

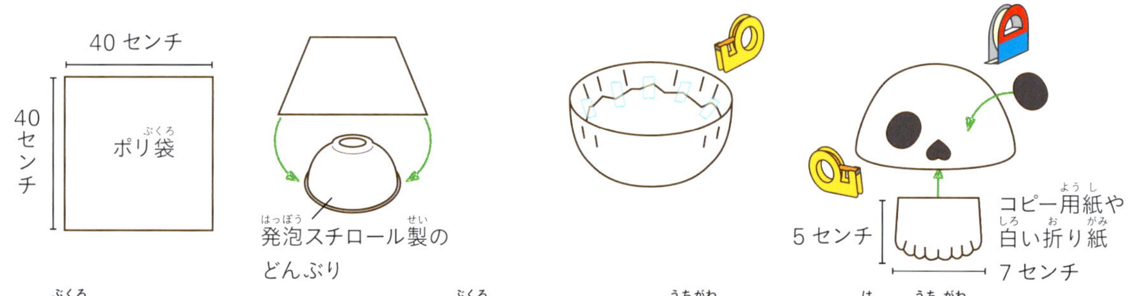

型紙

40 センチ

40 センチ

ポリ袋

発泡スチロール製の
どんぶり

コピー用紙や
白い折り紙

5 センチ

7 センチ

目
200％拡大

200％
拡大

鼻

1 ポリ袋を 40 × 40 センチくらいに切る。

2 どんぶりにポリ袋をかぶせる。

3 くるんで内側ではりつける。

4 歯を内側にはる。目や鼻をはる。

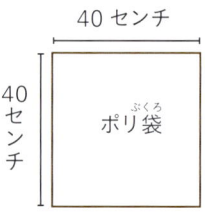

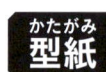

22

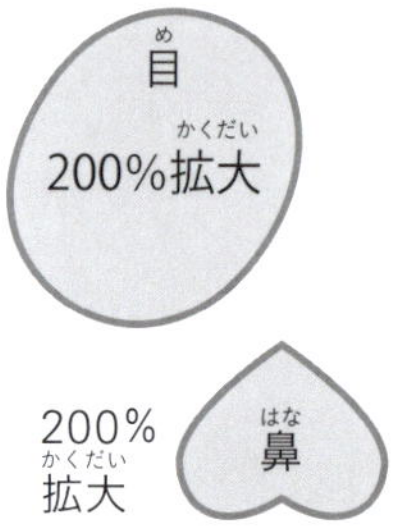

ざいりょう
材料　☆モデルさんは128センチです。身長に合わせて調整してね！
ポリ袋45リットル（黒）2枚、コピー用紙B4サイズもしくは画用紙八つ切り3枚

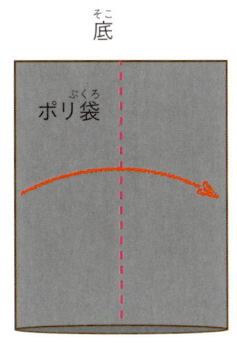

そこ
底

ポリ袋

1 半分に折る。

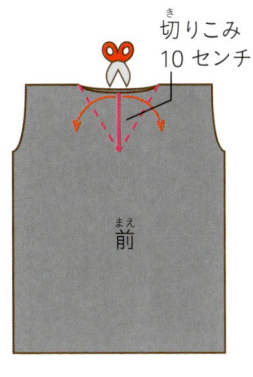

10センチ　2センチ
1センチ　20センチ

せんたくばさみでおさえるといいよ。

2 首、うでが出るところを切りとる。

切りこみ
10センチ

前

前

切りこみのはじにテープではっておく

3 前の1枚のまん中に切りこみを入れ、広げてはる。

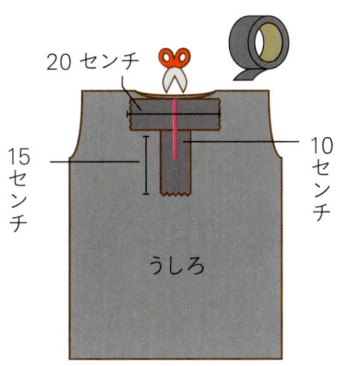

20センチ
15センチ
10センチ

うしろ

4 うらがえして、首と背中にＴの字にガムテープをはり、その上の切りこみを入れる（着たあとで上からテープでとめる）。

そこ
底

3センチ

ポリ袋

5 そでをつくる。底を切りとり、たて半分に切る。

ほねの型紙は38〜39ページだよ！

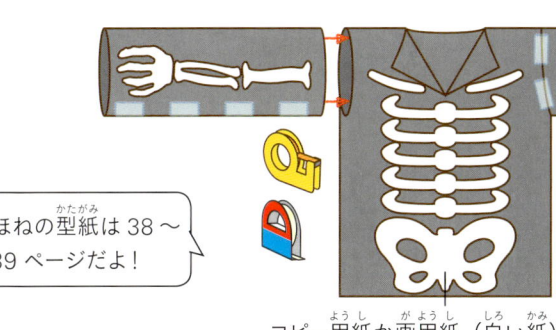

コピー用紙か画用紙（白い紙）

6 うでの穴とそでの穴を合わせて、ぐるっとはりあわせる。コピー用紙か画用紙でほねのかたちを切り、はりつける。

ざいりょう
材料　**ポリ袋45リットル（黒）1枚、靴下（黒）1足、平ゴム（白）100センチ**
コピー用紙B4サイズもしくは画用紙八つ切り1枚

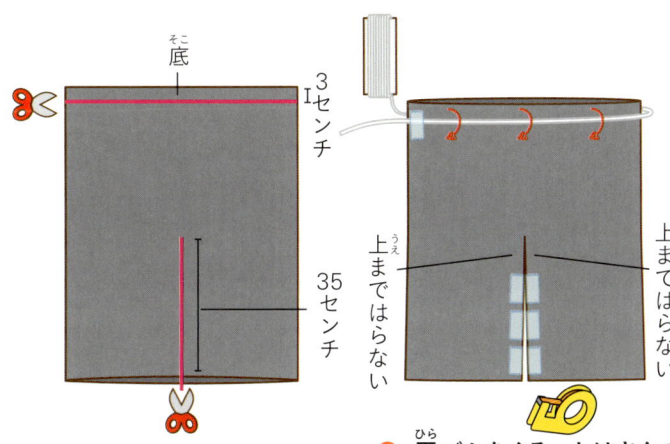

そこ
底

3センチ

35センチ

1 底を切りとる。2枚いっしょに半分のところにあけ口から切りこみを入れる。

上まではらない　上まではらない

2 平ゴムをぐるっとはさんでとめる。切りこみのところをはりあわせる。

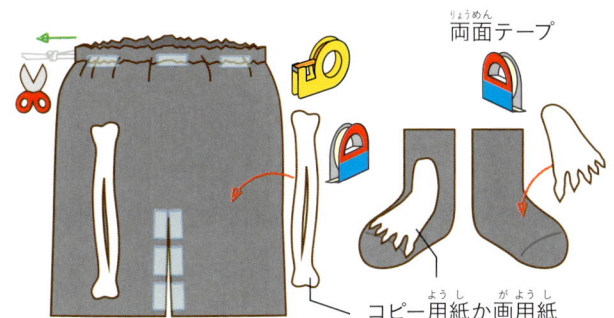

両面テープ

コピー用紙か画用紙

3 平ゴムをひっぱってウエストに合わせてギャザーをよせて、玉結びをする。コピー用紙か画用紙でほねのかたちを切り、はりつける。靴下にもほねの形をはる。

デビル

Have fun!

Happy Halloween

Back

ベストとスカートを着て、上からベルトをつけるよ。

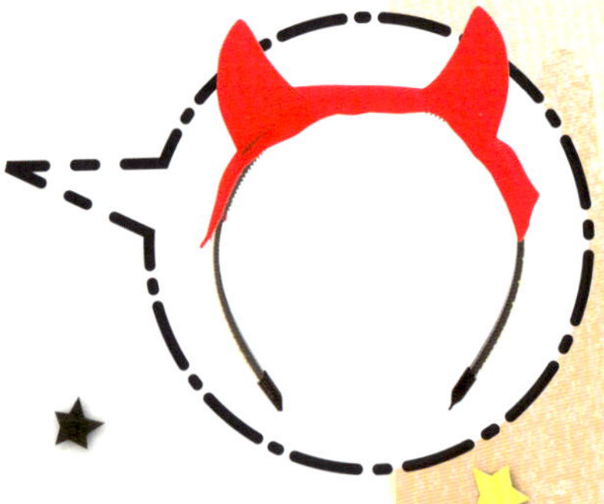

はねのつくりかたはP37をみてね!

つのカチューシャ

材料 フェルト（赤）20 × 20 センチ　1 枚、カチューシャ 1 つ

20 センチ / 3 センチ

4 センチ / 同じ形を2枚重ねる

5 センチ

2枚重ねたあつみにボンドをつける

つのの型紙は P37 をみてね!

1 赤いフェルトで細長い形と、2 枚重ねのつのの部分を 2 つつくる。

2 カチューシャに細長いフェルトをはる。その上につのをはる。

ステッキ

材料 色画用紙　八つ切り（黒）1 枚、（赤）10 × 10 センチ

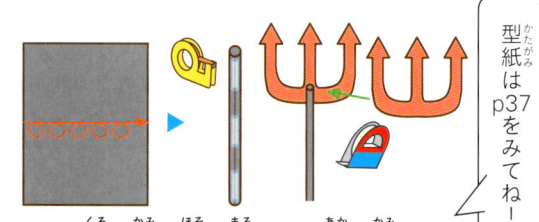

型紙は P37 をみてね!

黒い紙を細く丸める。赤い紙をやりの形に切ってはる。

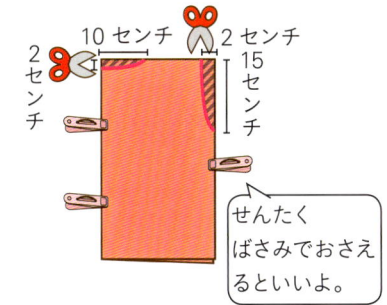

ベスト

☆モデルさんは127センチです。身長に合わせて調整してね！

材料 ポリ袋45リットル（赤）1枚

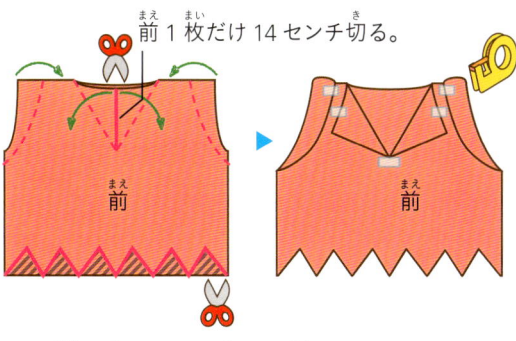

底
そこ

ポリ袋（赤）

60センチ

1 ポリ袋を底から60センチくらいで切る。

せんたくばさみでおさえるといいよ。

2センチ
10センチ
2センチ
15センチ

2 半分に折って首、うでが出るところを切る。

前1枚だけ14センチ切る。

前

前

3 まん中に切りこみを入れ、広げてはる。そでを1回めくってとめる。すそをギザギザに切る。

ベルト

材料 厚紙（ボール紙）20×30センチ、ポリ袋45リットル（黒）半分、丸ゴム（ピンク）1メートル（太めのヘアゴムがおすすめ！）

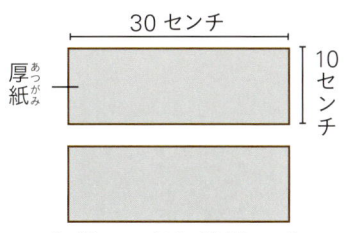

30センチ

10センチ

厚紙

1 厚紙を2枚長方形に切る。

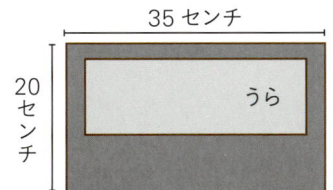

35センチ

20センチ

うら

2 ポリ袋で上と左右をくるむようにはり、下はギザギザに切る。同じものを2つつくる。

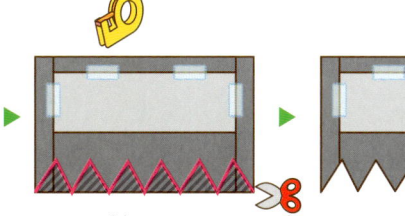

ベタベタな面

ガムテープを2つに折る

とめる

セロハンテープ　折ったガムテープ

1つ穴タイプのパンチがべんり！

1センチ

3 穴あけパンチで右はじと左はじから1センチくらいのところに4か所穴をあける。

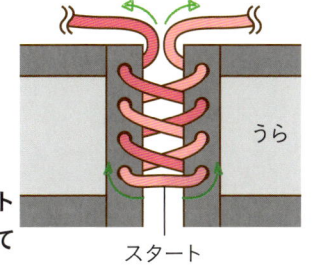

うら

スタート

4 ゴムをうらからスタートして図のようにとおしてちょう結びする。

5 着るときはうしろでとめて調整する。

スカート

材料 ポリ袋 45リットル（赤、黒）各1枚、平ゴム（黒）1メートル

長めに残す

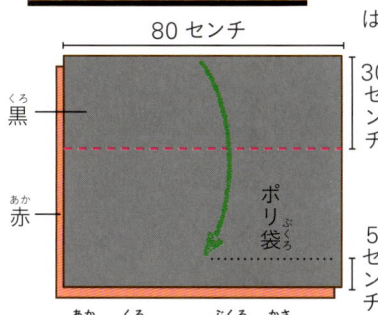

80センチ

30センチ

黒

赤

ポリ袋

5センチ

1 赤に黒のポリ袋を重ねておき、下から5センチ残して折る。同じものを2組つくる。

はっておく

平ゴム

2 平ゴムをはさんでとめる。

3 1組目のギャザーをよせたら、つづけて2組目も**2,3**をくり返す。

4 ゴムをはさんだ下をテープでとめ、ギャザーをよせてウエストに合わせて平ゴムの先どうしを玉結びする。

おばけ

BOO!

I'm a ghost!

かんむりをかぶると
おばけの王さま！

Back

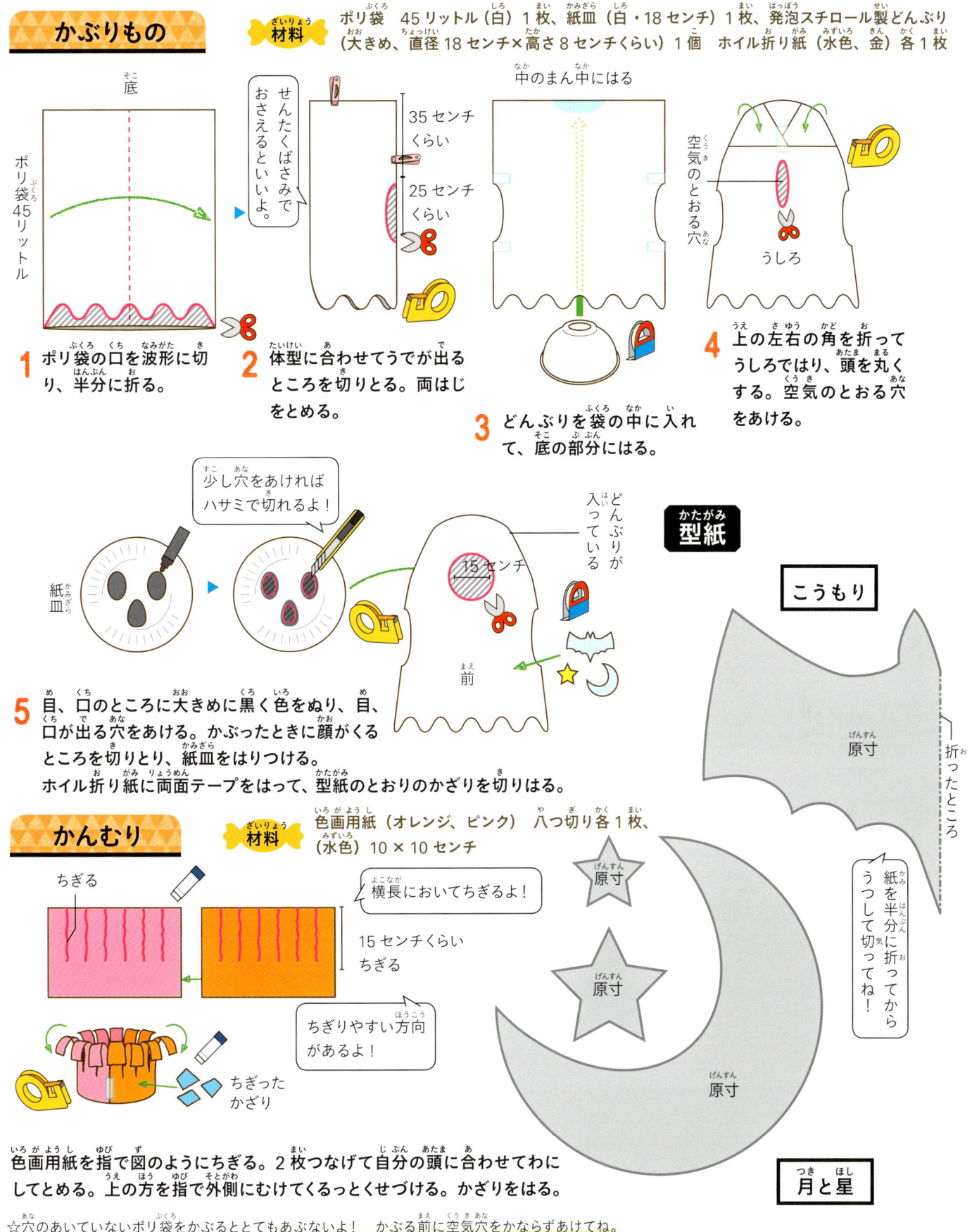

かぶりもの

材料 ポリ袋　45リットル（白）1枚、紙皿（白・18センチ）1枚、発泡スチロール製どんぶり（大きめ、直径18センチ×高さ8センチくらい）1個　ホイル折り紙（水色、金）各1枚

底

ポリ袋45リットル

1 ポリ袋の口を波形に切り、半分に折る。

せんたくばさみでおさえるといいよ。

35センチくらい

25センチくらい

2 体型に合わせてうでが出るところを切りとる。両はじをとめる。

中のまん中にはる

3 どんぶりを袋の中に入れて、底の部分にはる。

空気のとおる穴

うしろ

4 上の左右の角を折ってうしろではり、頭を丸くする。空気のとおる穴をあける。

少し穴をあければハサミで切れるよ！

紙皿

どんぶりが入っている

15センチ

前

5 目、口のところに大きめに黒く色をぬり、目、口が出る穴をあける。かぶったときに顔がくるところを切りとり、紙皿をはりつける。ホイル折り紙に両面テープをはって、型紙のとおりのかざりを切りはる。

型紙

こうもり

原寸

折ったところ

紙を半分に折ってからうつして切ってね！

かんむり

材料 色画用紙（オレンジ、ピンク）八つ切り各1枚、（水色）10×10センチ

ちぎる

横長においてちぎるよ！

15センチくらいちぎる

ちぎりやすい方向があるよ！

ちぎったかざり

原寸

原寸

原寸

月と星

色画用紙を指で図のようにちぎる。2枚つなげて自分の頭に合わせてわにしてとめる。上の方を指で外側にむけてくるっとくせづける。かざりをはる。

☆穴のあいていないポリ袋をかぶるととてもあぶないよ！　かぶる前に空気穴をかならずあけてね。

Monster!

ポシェット

Back

コート

材料 子ども用レインコート（ピンク）1着、レジ袋（白）2枚、柄つき折り紙 20～30枚、キラキラモール（ピンク）1メートル、色画用紙（黒）10センチ×10センチ

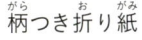
柄つき折り紙

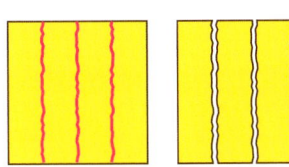

折り紙にはまっすぐちぎりやすい向きがあるよ！

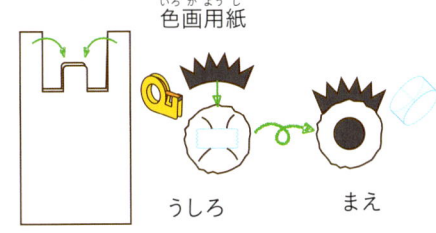
色画用紙
うしろ　　　まえ

1 4分の1くらいの細さにたくさんちぎる。

2 レジ袋の持ち手を中におしこみ、そのまま丸くして、テープでとめる。まつげ、黒目をつくってはる。同じものを2つつくる。

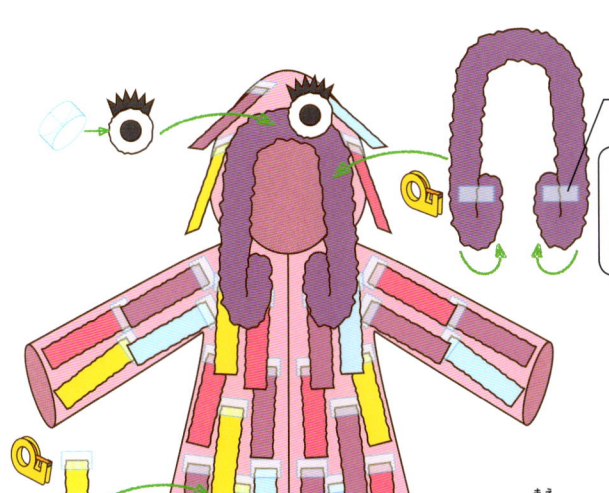

モールの先を折ってとめる

セロハンテープでわっかのテープをつくる。ベタベタのほうを上にしてわっかに！

型紙　まゆげ
原寸

黒目　原寸

キラキラモールや目玉はわっかテープでつけよう！

3 1を前、うしろ、そで、フード全体にはる。キラキラモールをフードのふちにぐるっとつける。その上に2の目玉をはる。

ポシェット

材料 ティッシュ箱（中身入り）、色画用紙（緑）八つ切り1枚、（黄色）15×25センチ、リボン（むらさき）1メートル、ペットボトルのふた2つ、デコレーションボール（直径2.5センチ）白2個、つけまつげ2つ、フェルト3×5センチ（黒）、ポリ袋（むらさき）少し

穴をあけておく

デコレーションボール
ペットボトルのふた

つけまつげ
フェルト

色画用紙
黄色

10センチ
10センチ

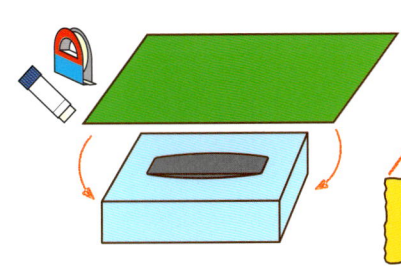

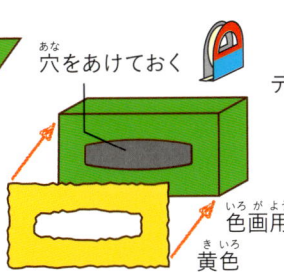

1 緑の色画用紙でティッシュの箱をくるむようにはる。角は折り、よぶんなところは切って、箱のサイズに合わせる。

2 ティッシュのサイズにあわせて切った紙を一度くしゃくしゃにしてからのばしてはる。

3 ペットボトルのふたの中にデコレーションボールをつめて、つけまつげ、丸く切ったフェルトをはる。

4 三角に切ったポリ袋、リボン、3をはる。

スパイダー

I'm
Spider-Man！

ポンチョ

材料 ポリ袋　45 リットル（紫）1 枚、（白）半分、平ゴム（白）1 メートル、キラキラテープ

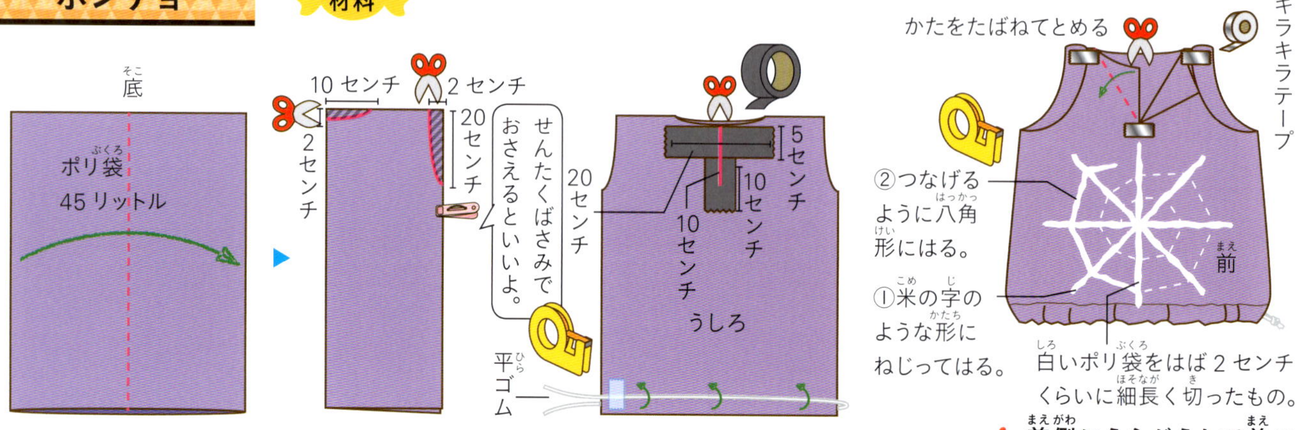

底

ポリ袋
45 リットル

1 紫 のポリ袋をたて
半分に折る。

10 センチ　2 センチ

20 センチ

2 センチ

2 首、うでが出ると
ころを切りとる。

せんたくばさみで
おさえるといいよ。

20 センチ

平ゴム

5
センチ

10
センチ

10
センチ

うしろ

3 平ゴムをすそにぐるっとはさんでとめる。
ギャザーをよせて結ぶ。背中側にＴの字
にガムテープをはって、切りこみを入れる。

かたをたばねてとめる

キラキラテープ

②つなげる
ように八角
形にはる。

前

①米の字の
ような形に
ねじってはる。

白いポリ袋をはば 2 センチ
くらいに細長く切ったもの。

4 前側にうらがえして前の
1 枚だけ切りこみを入れ、
広げてとめる。白ポリ袋
を切ったくもの巣をはる。

☆モデルさんは 128 センチです。身長に合わせて調整してね！

ぼうし

材料
発泡スチロール製どんぶり（大きめ、直径 18 センチ×高さ 8 センチくらい）1 個、
厚紙 15 × 15 センチ、ポリ袋 45 リットル（黒）半分、レジ袋（白）2 枚、曲がるストロー（青）8 本、
ティッシュペーパー、毛糸（極太）（紫）1 玉、色画用紙（黒）5 センチ× 10 センチ

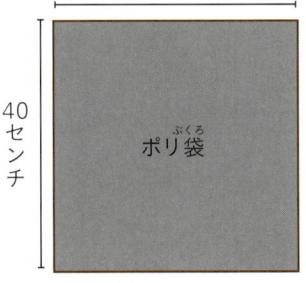

1 ポリ袋を 40 センチ× 40
センチくらいに切る。

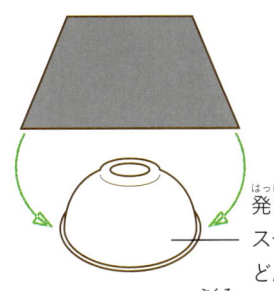

2 どんぶりにポリ袋を
かぶせる。

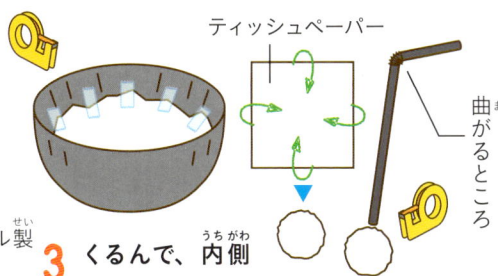

3 くるんで、内側
にはりつける。

4 足をつくる。ストローの
先に丸めたティッシュを
つけたものを 8 本つくる。

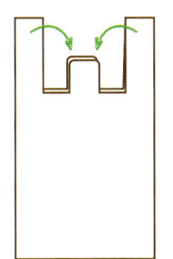

色画用紙（黒）

5 目玉をつくる。レジ袋の持ち手を中におしこみ、丸くして
テープでとめる。色画用紙の黒目をはる。同じものを 2 つ
つくる。

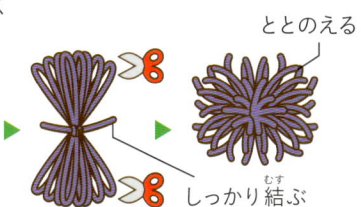

40 〜 50 回まく

15
センチ

ととのえる

しっかり結ぶ

6 毛糸のポンポンをつくる。厚紙にぐるぐるまいてからはずし、
まん中をしっかり結んでからわを切る。

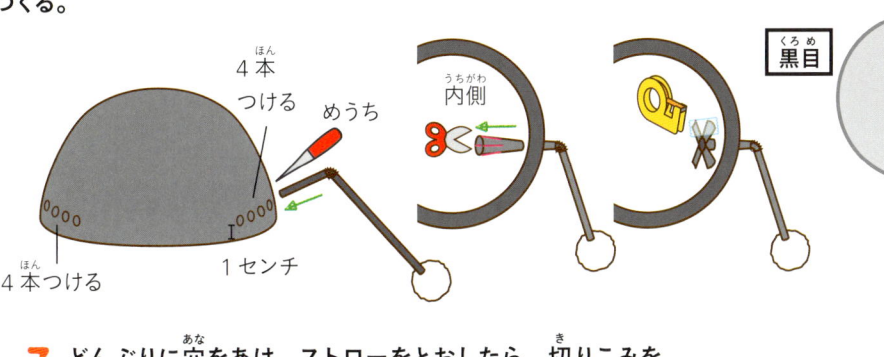

4 本
つける

めうち

内側

4 本つける

1 センチ

黒目

型紙

7 どんぶりに穴をあけ、ストローをとおしたら、切りこみを
いれてひらいて内側ではる。

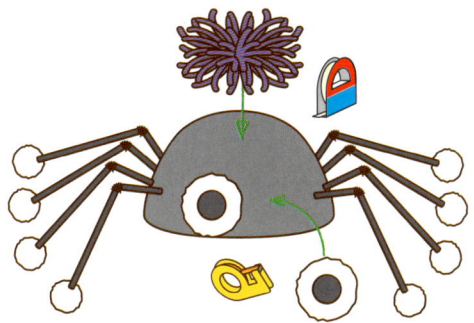

8 目玉と毛糸のポンポンをつける。

Back

\BOO！

がいこつ

くろねこ

かぼちゃ

Yeah！！

こうもり

おめん

材料

牛乳パック1パック、色画用紙（黒）3×20センチ2本、輪ゴム2本、
色画用紙 【黒ねこ】（黒）10センチ×15センチ 【かぼちゃ】（オレンジ）10センチ×15センチ、
（緑）5センチ×5センチ 【こうもり】（青）10センチ×15センチ、（黄色）3センチ×2センチ

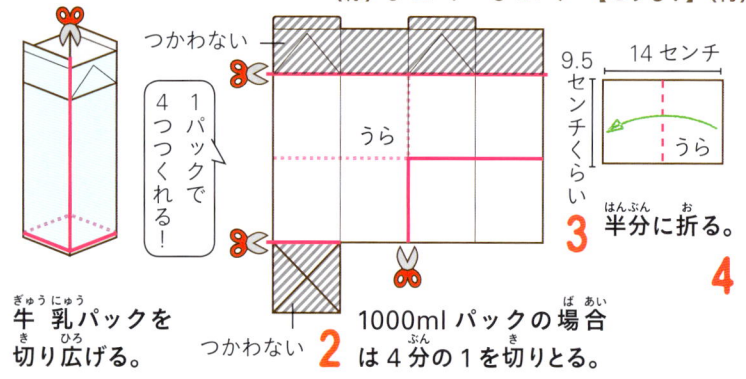

1 牛乳パックを切り広げる。

つかわない

1パックで4つつくれる！

つかわない

2 1000mlパックの場合は4分の1を切りとる。

3 14センチ
9.5センチくらい
うら
半分に折る。

4 油性ペン
目がでるところ
からあり
油性ペンで右ページの型紙にそって線をかき、切りとる。

油性ペン
うらの白い方
5 がいこつのもようは牛乳パックのうらの白にかく。他のおめんはそれぞれ色画用紙をはる。

★かたくて切りづらいときははさみの根元で切るといいよ。

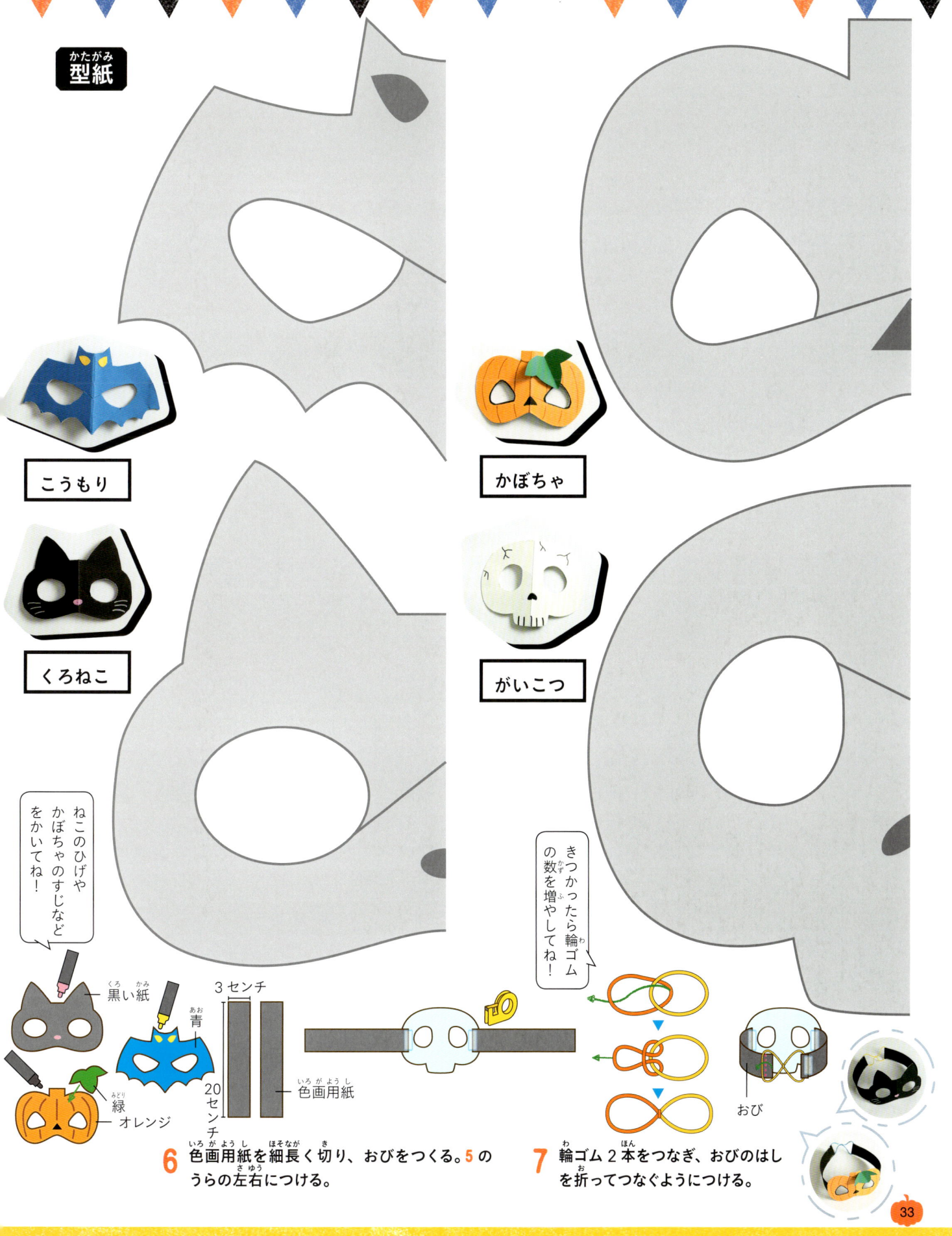

こうもり

くろねこ

かぼちゃ

がいこつ

ねこのひげや
かぼちゃのすじなど
をかいてね！

きつかったら輪ゴム
の数を増やしてね！

黒い紙
くろ かみ

青
あお

3センチ

20
センチ

色画用紙
いろ が ようし

緑
みどり

オレンジ

おび

6 色画用紙を細長く切り、おびをつくる。5の
いろがようし ほそなが き
うらの左右につける。
さ ゆう

7 輪ゴム2本をつなぎ、おびのはし
わ ほん お
を折ってつなぐようにつける。
お

かんたん へんしん スリッパ

（小さいサイズ）
ブタ、かぼちゃ、
むらさきねこ、かぶと虫
☆モデルの足サイズ　20センチ
（23〜24センチまでの子ははけるよ）

写真左　（大きいサイズ）
くろねこ、かぼちゃ
☆モデルの足サイズ　23センチ

> 左がわの大きいサイズは
> （大人でもOK）
> ぜんぶ広げたサイズから
> スタートして折ってね！

スリッパ　🍬材料

新聞紙見開き1枚、折り紙　15センチ×15センチ【くろねこ】（黒）1枚、（ピンク、黄色）少し
【ブタ】（ペールオレンジ）1枚、（オレンジ）少し　【かぼちゃ】（オレンジ）1枚、（黒）1枚
※スリッパサイズ大小ともに　【むらさきねこ】（うす紫）1枚、（黒、ピンク）少し
【かぶと虫】（黒）2枚、（赤、白）少し

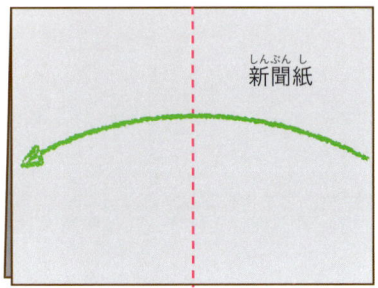

1 新聞紙の見開きの半分を
さらに半分に折る。

2 上半分をまん中まで
折る。

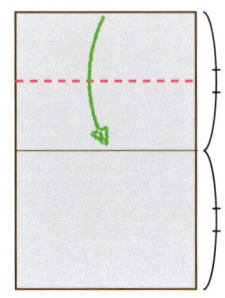

3 左右の角をなな
めに折る。

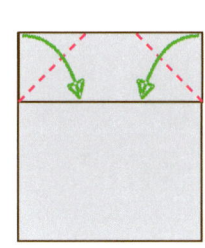

4 もう1回まくよう
に折る。

★このスリッパは室内用です。　☆教室や部屋の中ではいて走るとあぶないよ！

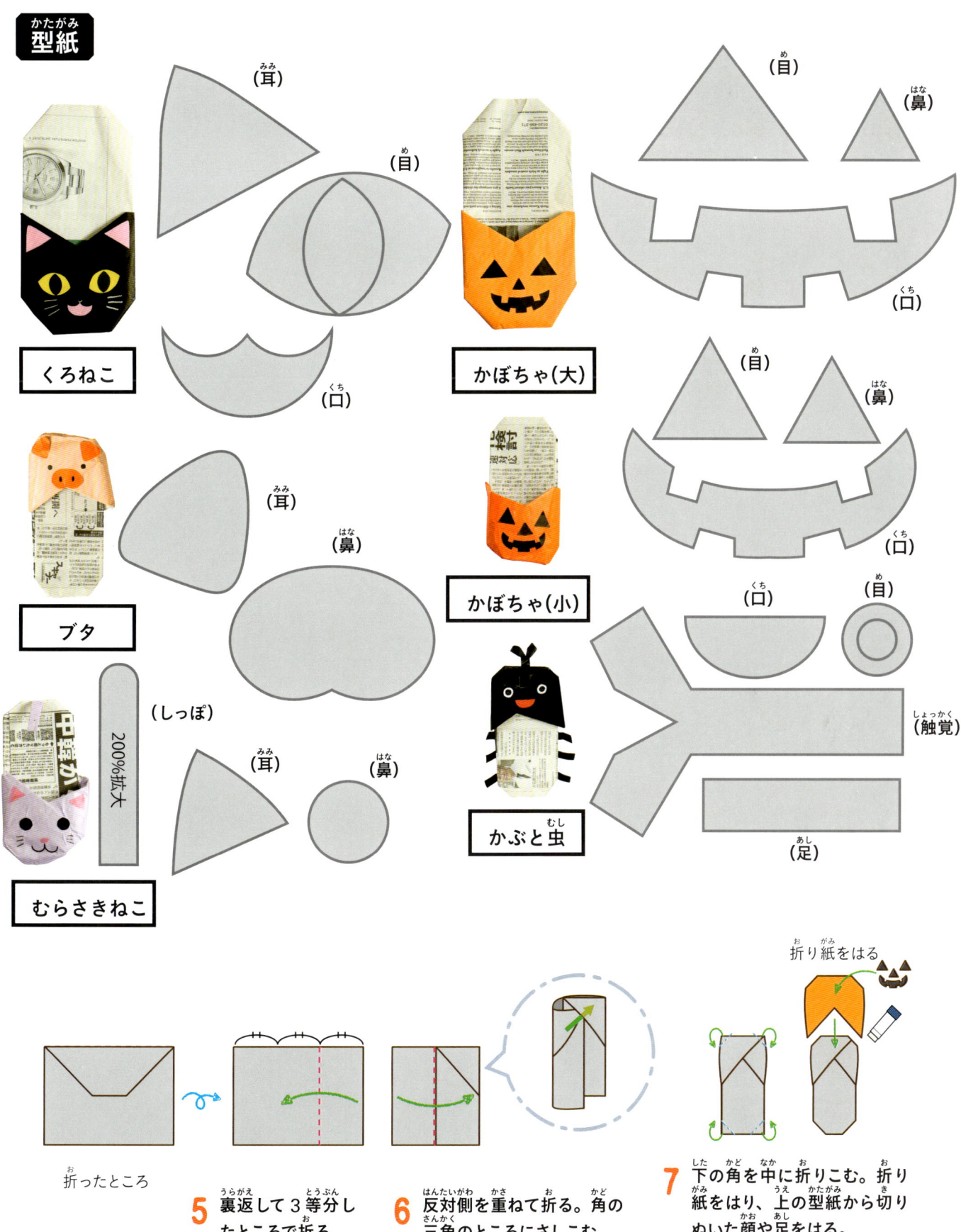

（耳）（みみ）

（目）（め）

（口）（くち）

くろねこ

（目）（め）

（鼻）（はな）

（口）（くち）

かぼちゃ（大）

（目）（め）

（鼻）（はな）

（口）（くち）

かぼちゃ（小）

（耳）（みみ）

（鼻）（はな）

ブタ

200%拡大

（しっぽ）

（耳）（みみ）

（鼻）（はな）

むらさきねこ

（口）（くち）　（目）（め）

（触覚）（しょっかく）

（足）（あし）

かぶと虫（むし）

折り紙をはる（おりがみ）

折ったところ（お）

5 裏返して３等分したところで折る。（うらがえ・とうぶん・お）

6 反対側を重ねて折る。角の三角のところにさしこむ。（はんたいがわ・かさ・お・かど・さんかく）

7 下の角を中に折りこむ。折り紙をはり、上の型紙から切りぬいた顔や足をはる。（した・かど・なか・お・おりがみ・うえ・かたがみ・き・かお・あし）

星の折りかた

材料 折り紙 15 × 15 センチ 1枚

- - - - - 谷折り
- ・ - ・ - 山折り

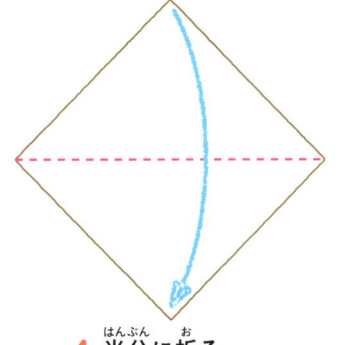

1 半分に折る。

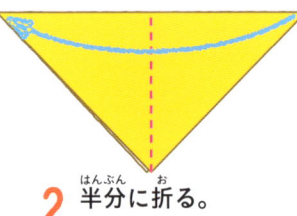

2 半分に折る。

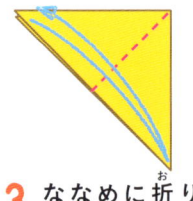

3 ななめに折りすじをつける。

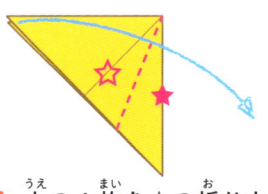

4 上の1枚を☆の折りすじと★のふちが合うように折る。

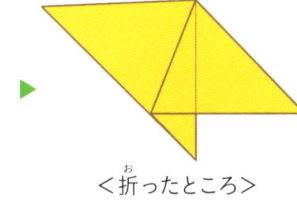

＜折ったところ＞

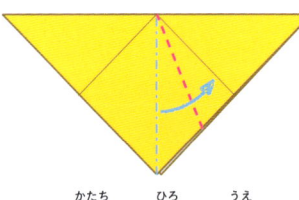

5 2の形まで広げ、上の1枚を点線で谷折り、山折りする。

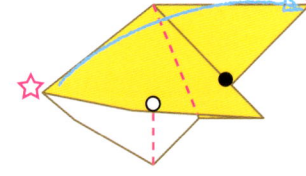

6 ☆が★に、○が●に重なるように折る。

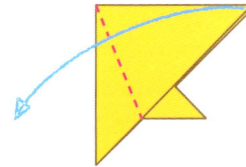

7 上の1枚をめくるように折る。

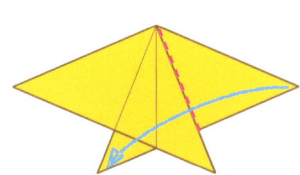

8 図のように向きを変え、角と角が合うように折る。

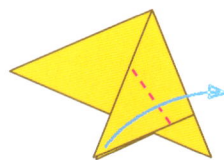

9 点線で折りかえす。

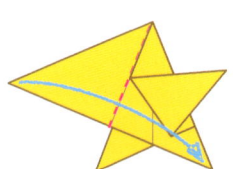

10 角と角が合うように折る。

ロープ

2つ重ねる

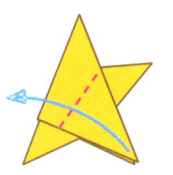

11 点線で折りかえす。

＜折ったところ＞

12 うらがえしてできあがり。

P8 魔女のペンダント
P12 リトル Witch のステッキ

P15　かぼちゃのベストの顔の型紙
P24　デビル

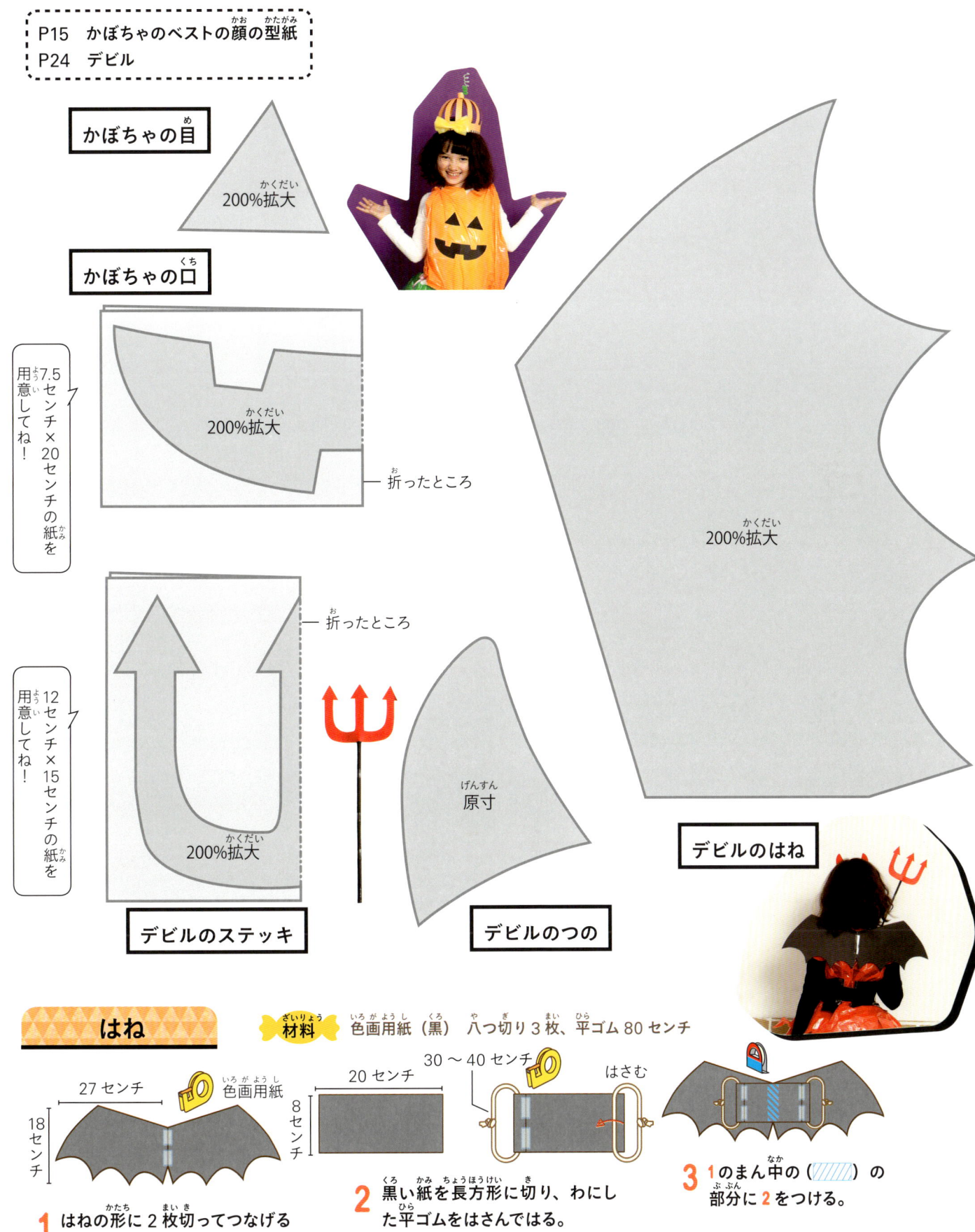

かぼちゃの目

200%拡大

かぼちゃの口

7.5センチ×20センチの紙を用意してね！

200%拡大

折ったところ

折ったところ

12センチ×15センチの紙を用意してね！

200%拡大

200%拡大

デビルのステッキ

原寸

デビルのつの

デビルのはね

はね

材料 色画用紙（黒）八つ切り3枚、平ゴム80センチ

27センチ

色画用紙

18センチ

1 はねの形に2枚切ってつなげる

20センチ

8センチ

2 黒い紙を長方形に切り、わにした平ゴムをはさんではる。

30〜40センチ

はさむ

3 1のまん中の（▨）の部分に2をつける。

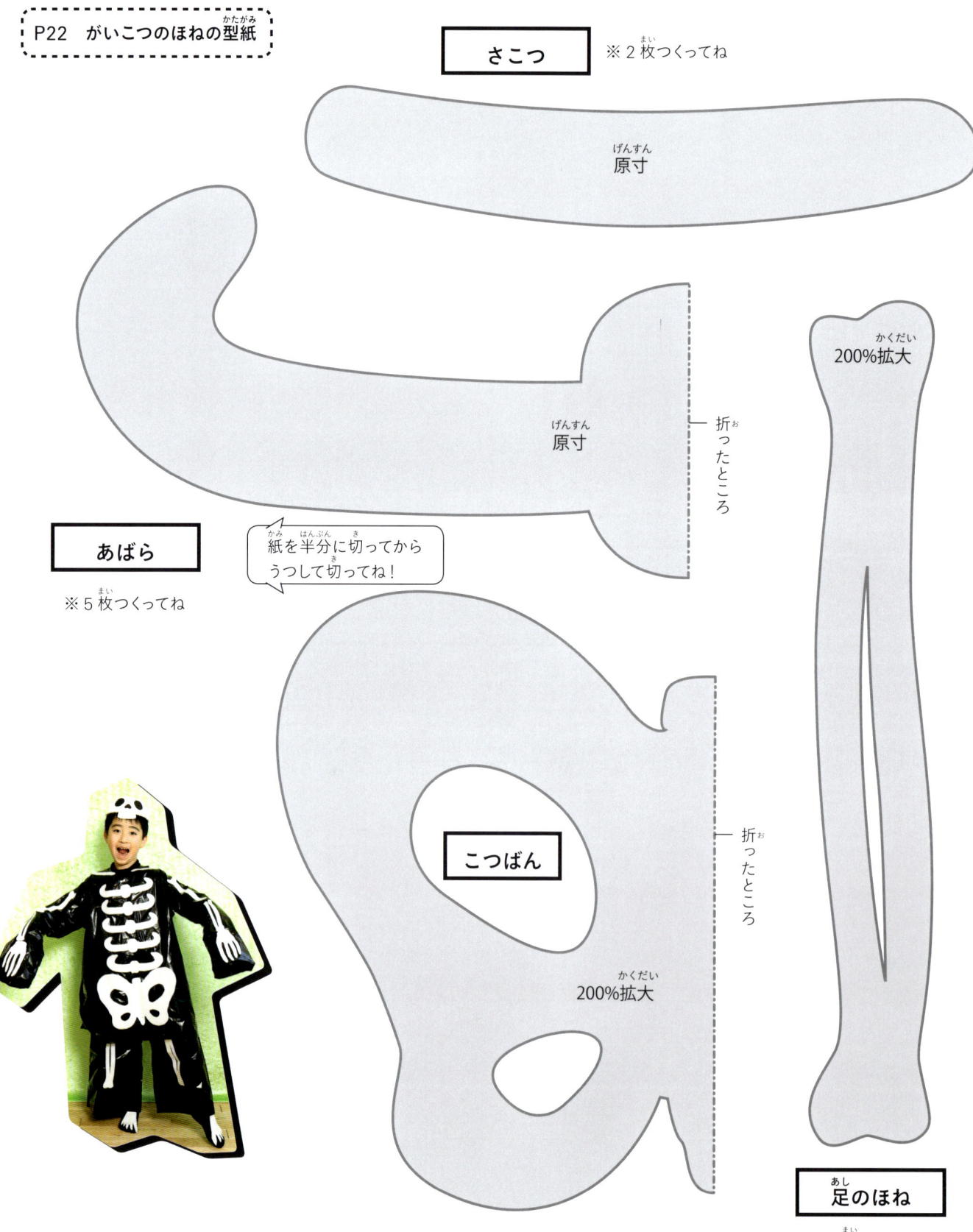

さこつ　※2枚（まい）つくってね

原寸（げんすん）

あばら　※5枚（まい）つくってね

原寸（げんすん）

折（お）ったところ

紙（かみ）を半分（はんぶん）に切（き）ってから
うつして切（き）ってね！

こつばん

かくだい
200%拡大

かくだい
200%拡大

折（お）ったところ

足（あし）のほね　※2枚（まい）つくってね

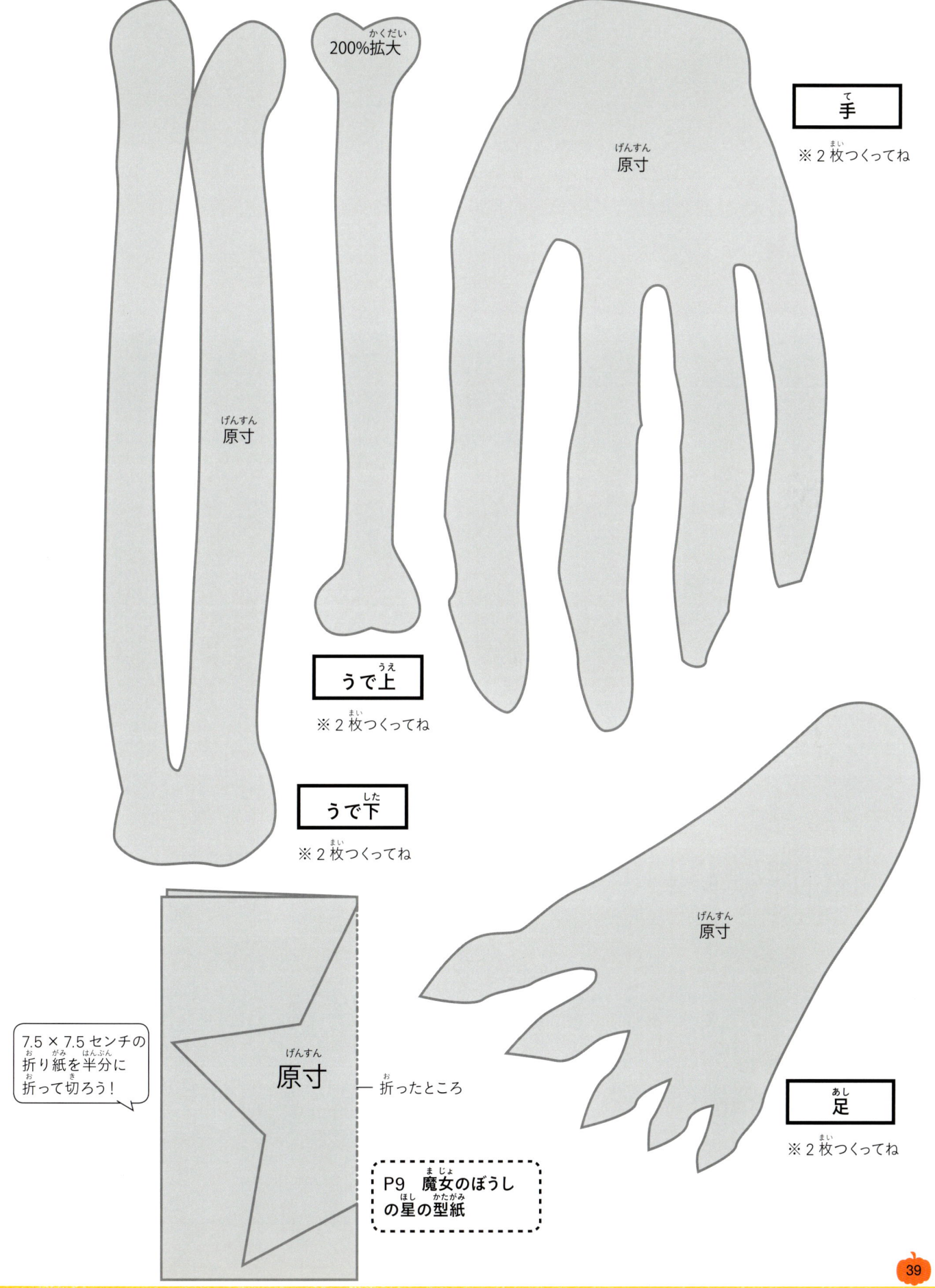

200%拡大

原寸

手
※2枚つくってね

原寸

うで上
※2枚つくってね

うで下
※2枚つくってね

原寸

7.5×7.5センチの
折り紙を半分に
折って切ろう!

原寸

折ったところ

P9 魔女のぼうし
の星の型紙

足
※2枚つくってね

作　いしかわ☆まりこ

千葉県生まれの造形作家。
おもちゃメーカーにて開発・デザインを担当後、映像制作会社で幼児向けビデオの制作や、NHK「つくってあそぼ」の造形スタッフをつとめる。現在はEテレ「ノージーのひらめき工房」の工作の監修(アイデア、制作)を担当中。
工作、おりがみ、立体イラスト、人形など、こどもや親子、女性向けの作品を中心に、こども心を大切にした作品をジャンルを問わず発表している。親子向けや指導者向けのワークショップも開催中。
著書に「かんたん！かわいい！おりがみあそび①〜④」(岩崎書店)、「たのしい！てづくりおもちゃ」「おって！きって！かざろうきりがみ」〈2冊とも親子であそべるミニブック〉(ポプラ社)、「みんな大好き！お店やさんごっこ-かんたんアイテム150」(チャイルド本社)、「ラクラク！かわいい！！女の子の自由工作BOOK」(主婦と生活社)などなど。

写真　安田仁志
図版作成　もぐらぽけっと
デザイン　池田香奈子
協力　ひびのさほ

モデル　　(※身長は撮影時)
美乃里フラナガン〈シュガーアンドスパイス〉(153センチ)
愛華フラナガン〈シュガーアンドスパイス〉(127センチ)
武智知寿 (128センチ)
武信今 (115センチ)

おりがみ提供
協和紙工株式会社
〒799-0422
愛媛県四国中央市中之庄町1694-2
TEL　(0896) 23-3533
100円ショップなどで購入ができます。

魔女やおばけに変身！楽しいハロウィン工作
❶ かぼちゃ・ドラキュラほか

2017年9月　初版第一刷発行

作　いしかわ☆まりこ
発行者　小安宏幸
発行所　株式会社汐文社

〒102-0071
東京都千代田区富士見1-6-1
TEL 03-6862-5200　FAX 03-6862-5202
http://www.choubunsha.com

印刷　新星社西川印刷株式会社
製本　東京美術紙工協業組合

ＩＳＢＮ 978-4-8113-2397-8